D0480809

First published in 1984
Usborne Publishing Ltd
Usborne House, 83-85 Saffron Hill
London EC1N 8RT

© Usborne Publishing Ltd
1989, 1984

The name of Usborne and the device ♈ are Trade Marks of Usborne Publishing Ltd.

Printed in Scotland

About this book

This book is for everyone learning French. By matching the numbers on the pictures with the words round the sides of each page, it will be easy to learn the French words for all sorts of different things.

Masculine and Feminine Words

When you look at the French words, you will see that all of them have **le, la, l'** or **les**, which means "the" in front of them. This is because all words in French, like table and bed, as well as man and woman, are masculine or feminine. **La** means the word is feminine and **le** means it is masculine. If the **le** or **la** comes before a word which begins with **a, e, i, o, u,** or **h**, then the **le** or **la** usually becomes **l'**. **Les** can be either masculine or feminine but comes before words that are plural.

Looking at the words

Some French words have accents on the letters. These change the sound of the word. The last letter of a French word is not usually pronounced, except when there is an accent on it.

There are some sounds in French that are quite different from any sound in English. To say them as a French person would, you have to hear them spoken and say them like that yourself.

If you are not sure of the exact meaning of any French word on a picture, look up the page and the word number in the index at the back of the book to find the English translation.

In this book, you will sometimes see a word in **heavy type**, such as **103, le salon** (sitting room), on page 7. This word refers to part of the picture on that page. The words that follow it are all things you might find in a **sitting room**, such as la bibliothèque (bookcase), le canapé (sofa) or la télévision (television). On the picture the numbers inside two circles, like this ⓾, refer to the words in **heavy type**.

CHILDREN'S WORDFINDER
IN FRENCH

Anne Civardi

Illustrated by Colin King

Translated by Katherine Folliot

Consultant: Betty Root
Series Editor: Heather Amery

With thanks to Lynn Bresler

Le chantier de construction

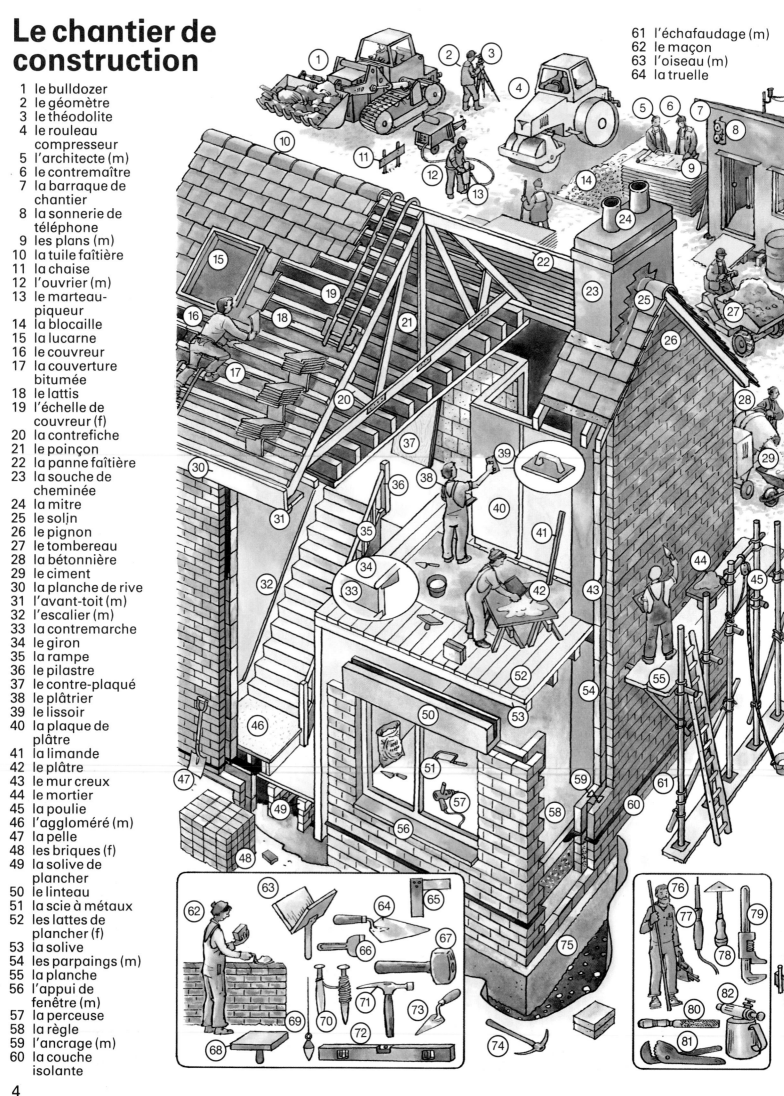

1 le bulldozer
2 le géomètre
3 le théodolite
4 le rouleau compresseur
5 l'architecte (m)
6 le contremaître
7 la barraque de chantier
8 la sonnerie de téléphone
9 les plans (m)
10 la tuile faîtière
11 la chaise
12 l'ouvrier (m)
13 le marteau-piqueur
14 la blocaille
15 la lucarne
16 le couvreur
17 la couverture bitumée
18 le lattis
19 l'échelle de couvreur (f)
20 la contrefiche
21 le poinçon
22 la panne faîtière
23 la souche de cheminée
24 la mitre
25 le solin
26 le pignon
27 le tombereau
28 la bétonnière
29 le ciment
30 la planche de rive
31 l'avant-toit (m)
32 l'escalier (m)
33 la contremarche
34 le giron
35 la rampe
36 le pilastre
37 le contre-plaqué
38 le plâtrier
39 le lissoir
40 la plaque de plâtre
41 la limande
42 le plâtre
43 le mur creux
44 le mortier
45 la poulie
46 l'aggloméré (m)
47 la pelle
48 les briques (f)
49 la solive de plancher
50 le linteau
51 la scie à métaux
52 les lattes de plancher (f)
53 la solive
54 les parpaings (m)
55 la planche
56 l'appui de fenêtre (m)
57 la perceuse
58 la règle
59 l'ancrage (m)
60 la couche isolante
61 l'échafaudage (m)
62 le maçon
63 l'oiseau (m)
64 la truelle

4

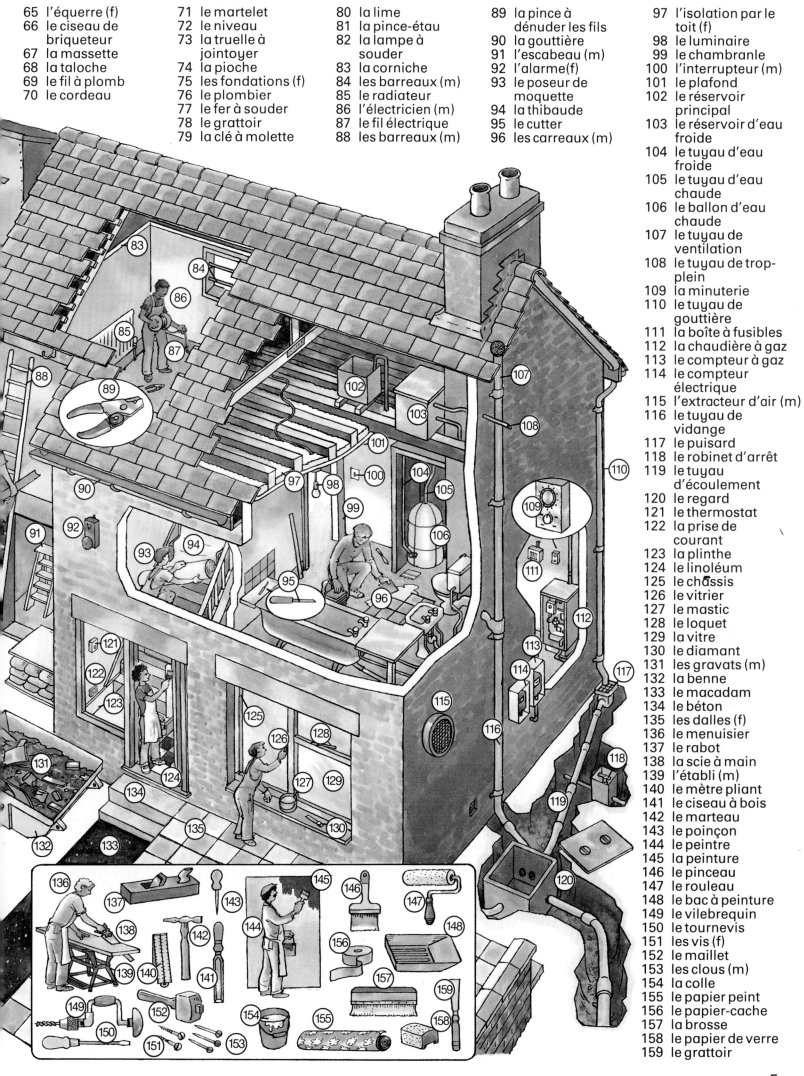

65 l'équerre (f)
66 le ciseau de briqueteur
67 la massette
68 la taloche
69 le fil à plomb
70 le cordeau
71 le martelet
72 le niveau
73 la truelle à jointoyer
74 la pioche
75 les fondations (f)
76 le plombier
77 le fer à souder
78 le grattoir
79 la clé à molette
80 la lime
81 la pince-étau
82 la lampe à souder
83 la corniche
84 les barreaux (m)
85 le radiateur
86 l'électricien (m)
87 le fil électrique
88 les barreaux (m)
89 la pince à dénuder les fils
90 la gouttière
91 l'escabeau (m)
92 l'alarme(f)
93 le poseur de moquette
94 la thibaude
95 le cutter
96 les carreaux (m)
97 l'isolation par le toit (f)
98 le luminaire
99 le chambranle
100 l'interrupteur (m)
101 le plafond
102 le réservoir principal
103 le réservoir d'eau froide
104 le tuyau d'eau froide
105 le tuyau d'eau chaude
106 le ballon d'eau chaude
107 le tuyau de ventilation
108 le tuyau de trop-plein
109 la minuterie
110 le tuyau de gouttière
111 la boîte à fusibles
112 la chaudière à gaz
113 le compteur à gaz
114 le compteur électrique
115 l'extracteur d'air (m)
116 le tuyau de vidange
117 le puisard
118 le robinet d'arrêt
119 le tuyau d'écoulement
120 le regard
121 le thermostat
122 la prise de courant
123 la plinthe
124 le linoléum
125 le châssis
126 le vitrier
127 le mastic
128 le loquet
129 la vitre
130 le diamant
131 les gravats (m)
132 la benne
133 le macadam
134 le béton
135 les dalles (f)
136 le menuisier
137 le rabot
138 la scie à main
139 l'établi (m)
140 le mètre pliant
141 le ciseau à bois
142 le marteau
143 le poinçon
144 le peintre
145 la peinture
146 le pinceau
147 le rouleau
148 le bac à peinture
149 le vilebrequin
150 le tournevis
151 les vis (f)
152 le maillet
153 les clous (m)
154 la colle
155 le papier peint
156 le papier-cache
157 la brosse
158 le papier de verre
159 le grattoir

5

La maison

1 l'antenne de télévision (f)
2 le toit
3 le grenier
4 les caisses (f)
5 le lit d'enfant
6 la malle
7 l'abat-jour (m)
8 le lampadaire
9 le parc
10 l'ampoule électrique (f)
11 la chaise haute
12 la chambre
13 la tringle
14 la lampe fluorescente
15 le miroir

16 le père
17 l'armoire (f)
18 le rideau
19 la tête de lit
20 le drap
21 le réveil

22 la coiffeuse
23 la lampe
24 l'oreiller (m)
25 la chemise
26 la couette
27 la table de nuit

28 la couverture
29 les pantoufles (f)
30 le lit
31 le coussin
32 la commode
33 la salle de bain

34 le séchoir
35 la douche
36 le porte-serviettes
37 l'armoire à pharmacie (f)
38 le papier hygiénique
39 la serviette
40 les robinets (m)
41 le fils
42 le lavabo
43 la baignoire
44 le pèse-personne
45 le tapis de bain
46 les toilettes (f)
47 le panier de linge sale
48 le vase
49 la porte
50 l'horloge (f)
51 le hamster
52 la mère
53 la couverture en patchwork
54 l'aspirateur (m)
55 la fille
56 le fauteuil à bascule
57 les lits superposés (m)
58 l'aquarium (m)
59 la jardinière
60 le porche
61 la cuisine
62 le carillon
63 la sonnette
64 l'ouverture pour chat (f)
65 l'os (m)
66 l'écuelle du chien (f)
67 le sèche-linge
68 la cage à oiseaux
69 le meuble de cuisine
70 le plan de travail
71 l'évier (m)
72 le store
73 l'égouttoir (m)
74 la grand-mère
75 le four
76 le lave-vaisselle
77 le plateau
78 la machine à laver
79 le réfrigérateur
80 le congélateur
81 le buffet de cuisine
82 le compotier
83 le fer à repasser
84 la planche à repasser
85 la nappe
86 la table
87 le tabouret
88 la poubelle
89 la planche à pain
90 le set de table
91 le verre
92 la serviette de table
93 le pot à lait

94 la chaise
95 le panier du chien
96 le porte-parapluies
97 le portrait
98 le hall d'entrée
99 le portemanteau
100 le téléphone
101 les annuaires de téléphone (m)
102 le paillasson
103 le salon
104 la bibliothèque
105 le cadre à photo
106 la platine
107 la chaîne stéréo
108 le canapé
109 le grand-père
110 l'étagère (f)
111 le porte-revues
112 la fenêtre
113 la télévision
114 le fauteuil
115 la table basse
116 le cendrier
117 le tapis
118 la corbeille à papier
119 la brosse à dents
120 le savon
121 le dentifrice
122 les sels de bain (m)
123 la tasse
124 la soucoupe
125 le peigne
126 la brosse à cheveux
127 le shampooing
128 l'assiette (f)
129 l'assiette à soupe (f)
130 le chiffon
131 l'encaustique (f)
132 la pelle
133 la brosse de chiendent
134 la théière
135 la cafetière
136 la lessive
137 le sucrier
138 le beurrier
139 le grille-pain
140 l'ouvre-boîte (m)
141 le mixer
142 le couteau
143 la fourchette
144 la cuillère
145 le porte-toast
146 le couteau à découper
147 la fourchette à découper
148 le tire-bouchon
149 le sablier
150 la casserole
151 la poêle
152 la cocotte
153 la louche
154 la salière
155 le moulin à poivre
156 le bougeoir
157 la passoire
158 la bouilloire

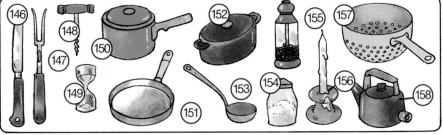

Le sport I

1 le starting-block
2 le sprinter
3 les pointes (f)
4 l'athlète
5 le stade
6 la piste
7 la pelouse
8 les spectateurs (m)
9 l'entraîneur (m)
10 le coureur de marathon
11 le pistolet
12 les concurrents (m)
13 le gagnant
14 la ligne d'arrivée
15 le ruisseau
16 le coureur de steeple
17 le coureur de haies
18 la haie
19 le saut en longueur
20 le saut en hauteur
21 la barre
22 la planche d'appel
23 le triple saut
24 la perche
25 le marcheur
26 le javelot
27 le lanceur de disque
28 le lancer de poids
29 le grillage de sécurité
30 le marteau
31 la course de relais
32 le témoin
33 les disques (m)
34 la barre
35 l'haltérophile (m)
36 les chaussures de lutte (f)
37 le lutteur
38 l'adversaire (m)
39 l'empenne (f)
40 la fléchette
41 le joueur de fléchettes
42 le marqueur
43 le tableau
44 la cible
45 **le karaté**
46 la savate
47 la tenue de karaté
48 **le judo**
49 la ceinture noire
50 le judoka
51 **la boxe**
52 le protège-tête
53 le boxeur
54 l'arbitre (m)
55 le ring
56 les coussins d'angle (m)
57 le juge
58 le chronométreur
59 le gong
60 le manager
61 le soigneur
62 le speedball
63 le punching-bag

64 le punching-ball
65 l'haltère (m)
66 **l'escrime (f)**

67 le masque d'escrime
68 le maître d'armes

69 l'escrimeur (m)
70 le demi-gilet
71 la culotte

72 le fleuret
73 le gant d'escrime
74 la manchette

86 le trampolino
87 les anneaux (m)
88 les barres parallèles (f)
89 la barre fixe
90 le cheval d'arçons
91 le moniteur
92 l'espalier (m)
93 le poirier
94 le banc
95 le tapis
96 la culbute
97 le matelas
98 l'arbre droit (m)
99 la corde lisse
100 le golf
101 les clubs de golf (m)
102 le sac de golf
103 le teeing ground
104 le joueur de golf
105 le chariot
106 le caddie
107 le tee
108 le fairway
109 la balle de golf
110 le putting green
111 le drapeau
112 le bunker
113 le rough
114 le club-house
115 le skieur nautique
116 les skis nautiques (m)
117 le tremplin
118 le câble de remorque
119 le bateau à moteur
120 le tennis
121 l'arbitre (m)
122 le juge de ligne
123 le court de tennis
124 la ligne de fond
125 les lignes de côté (f)
126 la ligne de double
127 la ligne de simple
128 la ligne de service
129 le filet
130 le ramasseur de balles
131 le serveur
132 la raquette de tennis
133 la poignée
134 la balle de tennis
135 le patineur à roulettes
136 le patin à roulettes
137 la courroie avant
138 la pointe d'arrêt
139 le protège-coude
140 le kick tail
141 la genouillère
142 la planche à roulettes
143 le plongeoir supérieur
144 le plongeur
145 la piscine
146 le tremplin
147 les couloirs (m)
148 la nage sur le dos
149 le starter
150 le bonnet de bain

75 l'épée (f)
76 le sabre
77 la gymnaste
78 le cheval sautoir
79 le gymnase
80 le justaucorps
81 la poutre
82 les barres asymétriques (f)
83 le plinth
84 le tremplin
85 le mouton

9

Le sport II

1 **le ski**
2 le saut à skis
3 la montagne
4 le téléphérique
5 le télésiège
6 le skieur
7 la piste
8 la leçon de ski
9 le moniteur de ski
10 la luge
11 la piste de slalom
12 le ski

13 la chaussure de ski
14 le bâton de ski
15 **le football américain**
16 le protège-épaule
17 le protège-cuisse
18 le poteau de but
19 **le football**
20 le drapeau d'angle
21 le buteur

22 le ballon de football
23 le sifflet
24 **le cricket**
25 le fielder
26 le batsman
27 la batte de cricket
28 le gardien de guichet
29 la jambière
30 le lanceur
31 la balle de cricket
32 les piquets (m)

89 la cible
90 la patinoire
91 le galet
92 **le jeu de boules**
93 le tapis
94 le bowling green
95 la boule

96 le cochonnet
97 **le tennis de table**
98 la raquette de ping-pong
99 la ligne médiane
100 **le tir au fusil**
101 le viseur

102 le fusil
103 le tireur d'élite
104 les cartouches (f)
105 le champ de tir
106 **la pétanque**
107 la pétanque
108 la baguette

109 le terrain de boules
110 **le squash**
111 le court de squash
112 la balle de squash
113 la raquette de squash

114 le carré de service
115 le tir à l'arc
116 la corde
117 l'arc (m)
118 la flèche
119 le brassard
120 la cible

A la ferme

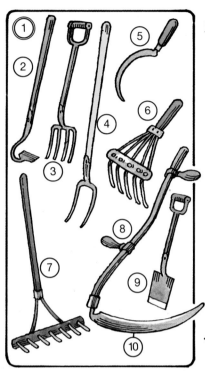

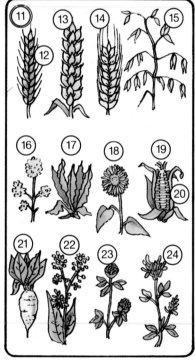

1 les outils (m)	15 l'avoine (f)	30 l'anneau (m)	46 la faucheuse	62 la mangeoire
2 la binette	16 la moutarde	31 l'agneau (m)	47 le poulailler	pour oiseaux
3 la fourche à	17 le chou	32 la brebis	48 la mangeoire	63 le mur
bêcher	18 le tournesol	33 le bélier	49 le lièvre	64 le tuyau
4 la fourche à	19 le maïs	34 le verrat	50 la remise	65 la niche
foin	20 l'épi (m)	35 le groin	51 le râtelier	66 les chiots (m)
5 la faucille	21 la betterave à	36 la truie	52 l'écurie (f)	67 la boue
6 le sarcloir	sucre	37 le porcelet	53 la ferme	68 le lapin
7 le râteau à foin	22 le colza	38 le champ	54 le volet	69 le clapier
8 la faux	23 le trèfle	39 la cabane	55 le chaton	70 la fermière
9 la pelle	24 la luzerne	40 l'enclos (m)	56 le chat	71 les oeufs (m)
10 la lame	25 la vache	41 la barrière	57 la porcherie	72 la clôture
11 les récoltes (f)	26 le pis	42 les abeilles (f)	58 l'abreuvoir (m)	73 les roseaux (m)
12 le seigle	27 le veau	43 la ruche	59 le balai	74 la mare
13 le blé	28 la queue	44 le tracteur	60 les bottes (f)	75 le paon
14 l'orge (m)	29 le taureau	45 la haie	61 le tonneau	76 la chèvre

77	le chevreau	93	l'épouvantail (m)	107	le taille-haie
78	la corne	94	les sillons (m)	108	le fermier
79	le bouc	95	la meule de foin	109	le grain
80	la jument	96	le silo à grain	110	l'atelier (m)
81	le poulain	97	le berger	111	l'étable (f)
82	l'âne (m)	98	le chien de berger	112	la stalle
83	le canard	99	le mouton	113	la paille
84	le caneton	100	la girouette	114	le grenier à foin
85	le cheval de trait	101	le bain	115	le rat
86	le dindon		antiparasitaire	116	l'échelle (f)
87	l'oie (f)	102	le cueilleur de	117	l'effraie (f)
88	l'oison (m)		fruits	118	l'ouvrier agricole (m)
89	le jeune coq	103	le verger	119	l'exploitant
90	les plumes (f)	104	la grille		agricole (m)
91	le bec	105	la grange	120	la balle de foin
92	la poule	106	les sacs de grain	121	le camion laitier

122	le lait	**137**	**les machines**
123	la laiterie		**agricoles (f)**
124	le cheval	138	la ramasseuse-
125	la crinière		chargeuse de
126	la selle		fourrage
127	le cavalier	139	la moissonneuse
128	les rênes (f)		-batteuse
129	l'étrier (m)	140	la botteleuse
130	le sabot	141	le semoir
131	l'engrais (m)	142	le cultivateur
132	le tablier	143	la herse
133	l'employé de	144	la charrue
	laiterie (m)	145	le fumier
134	la trayeuse	146	l'épandeuse (f)
135	la remorque	147	l'élévateur (m)
136	le rouleau	148	l'arracheuse (f)

A l'aéroport

1 **le tableau de bord**
2 l'horizon artificiel (m)
3 l'anèmomètre (m)
4 l'altimètre (m)
5 le radiocompas
6 le manomètre
7 le tachymètre
8 l'indicateur de température (m)
9 l'indicateur de virage (m)
10 le levier de commande
11 la manette des gaz
12 les pédales de direction (f)
13 **l'avion (m)**
14 la pale d'hélice
15 la casserole
16 le couvercle du cockpit
17 l'aileron (m)
18 le volet d'atterrissage
19 **l'hélicoptère (m)**
20 la béquille de queue
21 le stabilisateur
22 le rotor de queue
23 la sortie d'échappement
24 le moyeu du rotor
25 la pale de rotor
26 les patins d'atterrissage (m)
27 **l'avion à décollage vertical (m)**
28 la roue latérale extérieure
29 la tuyère de queue
30 l'aérofrein (m)
31 la soufflante
32 la sonde de pitot
33 le puits de train
34 **le dirigeable**
35 le nez
36 les ballons à gaz (m)
37 l'hélicoptère (m)
38 **l'avion supersonique (m)**
39 le nez basculant
40 le turbopropulseur
41 l'avion d'affaires (m)
42 le planeur
43 **l'hydravion (m)**
44 l'aile d'hydravion (f)
45 le flotteur
46 **l'avion-cargo (m)**
47 le nez articulé
48 **l'aéroport (m)**
49 le parking
50 l'antenne-radio (f)
51 les projecteurs (m)
52 le radar
53 la tour de contrôle
54 l'officier de contrôle au sol (m)
55 le plan de vol
56 la terrasse

57 la passerelle
58 le conteneur
59 **l'avion à réaction (m)**
60 la gouverne de profondeur
61 le cône de queue
62 la gouverne de direction
63 la dérive de queue
64 le drapeau
65 le stabilisateur
66 le numéro d'immatriculation
67 la soute
68 les toilettes (f)
69 le chariot
70 la cloison
71 la sortie de secours
72 les sièges inclinables (m)

73 l'écran (m)
74 l'antenne (f)
75 la camionnette du contrôleur du stationnement
76 le spoiler
77 le saumon d'aile
78 la manche à air
79 les feux de piste (m)
80 la piste
81 le phare anti-collision
82 la cabine des passagers
83 l'admission d'air (f)
84 le mécanicien de bord
85 le co-pilote
86 le pilote
87 la cabine de pilotage
88 la voiture de police de l'aéroport
89 le placeur
90 le protège-tympans
91 le radome
92 le train avant
93 le phare d'atterrissage
94 l'hôtesse de l'air (f)
95 le fuselage
96 le train d'atterrissage
97 le moteur à réaction
98 le capot
99 le mécanicien au sol
100 **l'aérogare (f)**
101 la boutique duty-free
102 la porte d'embarquement
103 le contrôle de sécurité
104 la salle de départ
105 le passeport
106 le billet d'avion
107 la carte d'embarquement
108 les bagages (m) a main
109 le tableau indicateur
110 le tapis roulant
111 le guichet d'enregistrement
112 la salle des départs
113 le service d'information
114 l'employé d'aéroport (m)
115 le service réservation d'hôtel
116 la location-auto
117 la salle des arrivées
118 le contrôle de douane
119 le tapis de livraison des bagages
120 la salle des bagages
121 le service de l'immigration
122 le contrôle des passeports
123 le tapis roulant
124 **les véhicules de l'aéroport**
125 la citerne de carburant
126 la citerne d'eau potable
127 le camion conditionneur d'air
128 le générateur mobile
129 le train de bagages
130 le chasse-neige
131 le camion-grue
132 le camion lève-charge
133 le camion de vidange
134 le car de l'équipage
135 le camion de dégivrage
136 le car de passagers
137 la dépanneuse
138 le camion de pompiers

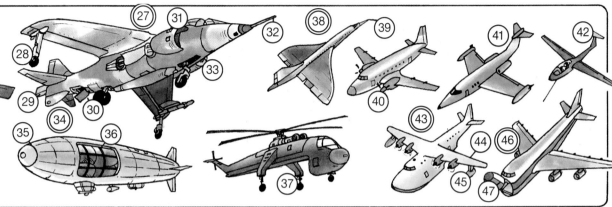

La plage et la mer

1 la grotte
2 le café de la plage
3 le haut-parleur
4 le télescope
5 le gardien de plage
6 la cabine
7 le marchand de glaces
8 le pédalo
9 le pêcheur de crevettes
10 la bitte d'amarrage
11 la ceinture de sauvetage
12 la promenade
13 le pare-vent
14 le chapeau
15 le parasol
16 le filet à crevettes
17 le phoque
18 le bébé phoque
19 la ligne des hautes eaux
20 le cormoran
21 le maillot de bain
22 l'aile (f)
23 le sac de plage
24 le panier à pique-nique
25 la serviette de plage
26 la chaise longue
27 le sable
28 le ballon
29 les flotteurs (m)
30 l'os de seiche (m)
31 le rocher
32 le seau
33 le château de sable
34 la pelle
35 **la flaque d'eau**
36 les couteaux (m)
37 les aseidies (f)
38 la turritelle
39 les huîtres (f)
40 la pince
41 le crabe
42 l'anémone de mer (f)
43 la grosse méduse
44 la laitue de mer
45 la bernache
46 les moules (f)
47 le buccin
48 les coques (f)
49 les patelles (f)
50 l'anatife (m)
51 l'araignée de mer (f)
52 la crevette
53 le trépang
54 le bigorneau
55 l'oothèque (f)
56 l'oursin (m)
57 le bernard-l'hermite
58 l'étoile de mer (f)
59 la coquille Saint-Jacques
60 le homard
61 la pince

62 la méduse
63 le dauphin
64 l'aileron (m)
65 les algues (f)

66 la raie
67 l'anguille (f)
68 le pèlerin
69 les piquants (m)

70 l'espadon (m)
71 la pieuvre
72 le siphon
73 les ventouses (f)

74 la tentacule
75 la seiche
76 la soucoupe de plongée

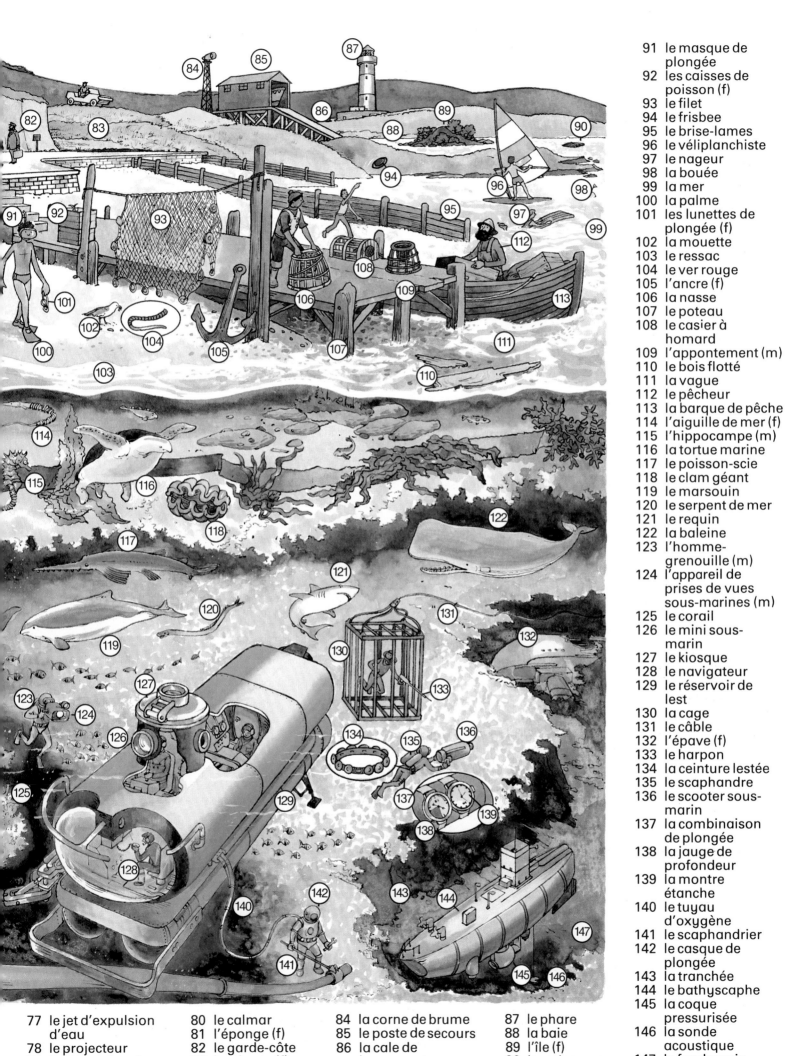

Les aliments

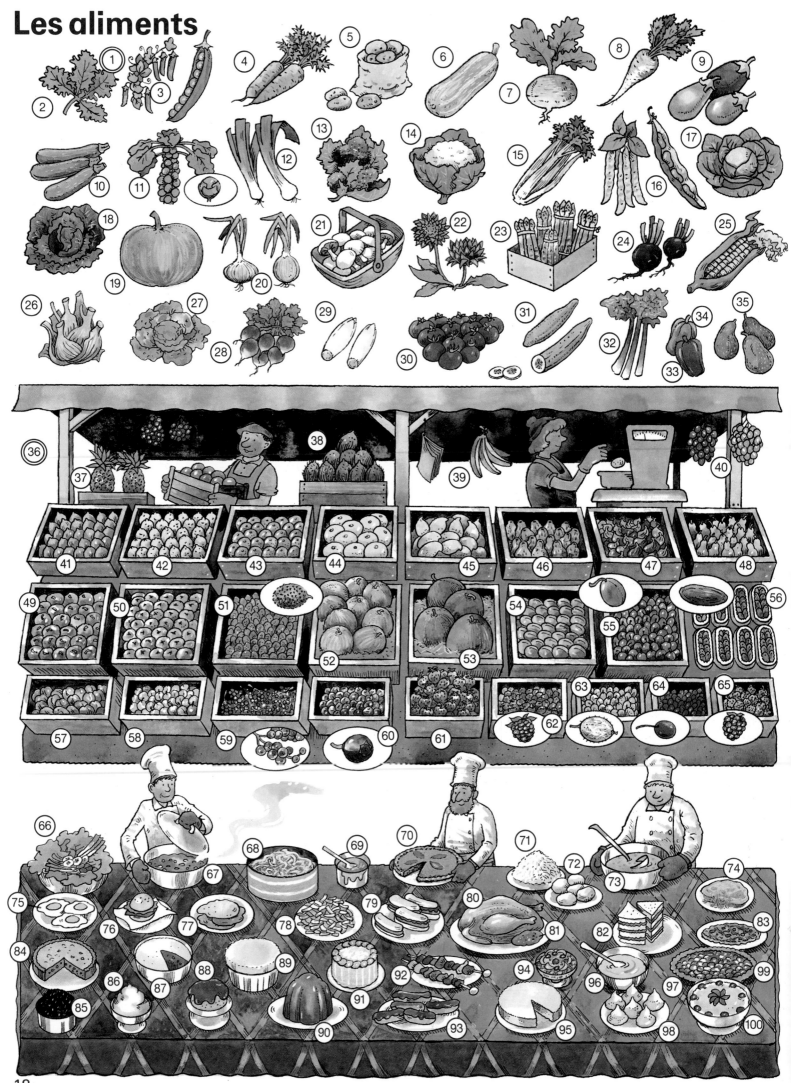

39 les bananes (f)
40 le raisin
41 les limes (f)
42 les citrons (m)
43 les oranges (f)
44 le pample-
mousse
45 les mangues (f)
46 les papayes (f)
47 les figues (f)
48 les poires (f)
49 les pommes (f)
50 les mandarines (f)
51 les litchis (m)
52 les melons (m)
53 les pastèques (f)
54 les pêches (f)
55 les prunes (f)
56 les dates (f)
57 les abricots (m)
58 les reine-
claudes (f)
59 les groseilles (f)
60 les myrtilles (f)
61 les fraises (f)
62 les framboises (f)
63 les groseilles à
maquereau (f)
64 les canneberges
(f)
65 les mûres (f)
66 la salade
67 le ragoût
68 les spaghetti (m)
69 le sirop
70 la tourte
71 le riz
72 les boulettes (f)
73 la soupe
74 l'omelette (f)
75 les oeufs sur le
plat (m)
76 le hamburger
77 les crêpes (f)
78 les frites (f)
79 les hot-dogs (m)
80 la dinde rôtie
81 la farce
82 les sandwiches
(m)
83 la pizza
84 la quiche
85 le caviar
86 la glace
87 le pâté
88 la sauce au
chocolat
89 le soufflé
90 la gelée
91 la mousse
92 les brochettes (f)
93 les éclairs (m)
94 la salade de fruits
95 le gâteau au
fromage blanc
96 la crème anglaise
97 la pâtisserie
98 les meringues (f)
99 la tarte aux fruits
100 la soupe anglaise
101 les fines herbes (f)
102 le basilic
103 la ciboulette
104 l'ail (m)
105 la menthe
106 le persil

1 les légumes (m)
2 les épinards (m)
3 les petits pois (m)
4 les carottes (f)
5 les pommes de
terre (f)
6 la courge
7 le navet
8 le panais
9 les aubergines (f)
10 les courgettes (f)
11 les choux de
Bruxelles (m)
12 les poireaux (m)
13 le brocoli
14 le chou-fleur
15 le céleri
16 les haricots
verts (m)
17 le chou
18 le chou rouge
19 la citrouille
20 les oignons (m)
21 les champignons
(m)
22 les artichauts (m)
23 les asperges (f)
24 les betteraves (f)
25 le maïs (f)
26 le fenouil
27 la laitue
28 les radis (m)
29 les endives (f)
30 les tomates (f)
31 le concombre
32 la rhubarbe
33 le poivron rouge
34 le poivron vert
35 les avocats (m)
36 les fruits (m)
37 les ananas (m)
38 les noix de
coco (f)

107 le romarin
108 le thym
109 la viande
110 le jambon
111 le bacon
112 les côtelettes (f)
113 le salami
114 le bifteck
115 les saucisses (f)
116 le poisson
117 le saumon fumé
118 les crevettes
roses
119 les harengs
fumés (m)
120 les croquettes de
poisson (f)
121 le poisson pané
122 les sardines en
boîte (f)
123 le thon en
conserve
124 la tranche de
poisson
125 le filet de poisson
126 la brioche
127 le pain de mie
128 les croissants (m)
129 les petits pains (m)
130 les muffins (m)
131 les beignets (m)
132 les gressins (m)
133 le glaçage
134 le gâteau
135 les biscuits (m)
136 la baguette
137 les scones (m)
138 le «pitta»
139 les haricots secs (m)
140 le chocolat chaud
141 la bière
142 le vin
143 le café
144 les grains de
café (m)
145 le thé
146 le sachet de thé
147 le jus de fruit
148 le milkshake
149 la crème fraîche
150 le sucre
151 la confiture
152 la farine
153 la moutarde
154 le sel
155 le poivre
156 le miel
157 la mayonnaise
158 le ketchup
159 les céréales (f)
160 les noisettes (f)
161 le beurre de
cacahouètes
162 les bonbons (m)
163 les cornichons
(m)
164 les haricots
blancs en
boîte (m)
165 le fromage
166 le beurre
167 le yaourt
168 la confiture
d'oranges
169 les raisins
secs (m)

19

Le château-fort

1 le fantassin
2 la hache d'armes
3 le casque plat
4 la pique
5 l'arbalète (f)
6 l'étrier (m)
7 le carreau
8 la gâchette
9 le carquois
10 les flèches (f)
11 l'arc (m)
12 la hache
13 le fléau d'armes
14 la masse d'armes
15 le poignard
16 la tour d'assaut
17 le bélier
18 la baliste
19 la fronde
20 le trébuchet
21 le mantelet
22 l'archer (m)
23 le mangonneau
24 la marmite
25 l'huile bouillante (f)
26 le canon
27 la culasse
28 la lumière
29 la bourre
30 les boulets de canon (m)
31 la gargousse
32 la gueule
33 l'affût de canon (m)
34 la mèche
35 le refouloir
36 le chevalier
37 le pourpoint matelassé
38 l'écuyer (m)
39 les jambières (f)
40 la capuche
41 la cotte de mailles
42 l'armure à écailles (f)
43 l'armure à plates (f)
44 le bassinet
45 le plastron de cuirasse
46 le soleret
47 l'épaulière (f)
48 la tunique
49 le heaume
50 les armoiries (f)
51 le fourreau
52 l'estramaçon (m)
53 la grève
54 la lance
55 le bouclier
56 le tournoi
57 la quintaine
58 le plumail
59 la tente
60 le gentilhomme
61 la couronne
62 le chanfrein
63 le drap

64 le pommeau de selle
65 le cimier
66 les trompettes (f)
67 le héraut
68 le château
69 la tourelle
70 les créneaux (m)
71 la salle seigneuriale
72 le donjon
73 la fenêtre en ogive
74 le baron
75 le tailleur
76 la baronne
77 la servante
78 la tapisserie
79 le chapelain
80 le crucifix
81 la chapelle
82 le troubadour
83 la paillasse
84 la galerie
85 le ménestrel
86 le baquet
87 la bougie
88 la grande salle
89 la cheminée
90 l'escalier en colimaçon (m)
91 les tonneaux (m)
92 les oubliettes (f)
93 le prisonnier
94 le boulet et la chaîne
95 le geôlier
96 la garde-robe
97 le banc
98 la table à tréteaux
99 le fou
100 le contrefort
101 le chaudron
102 le cabanon des cuisines
103 le chaume
104 le plant de fines herbes
105 le jardin clos
106 l'arbre fruitier (m)
107 le soufflet
108 le grand four
109 la broche
110 le garde
111 le pare-feu
112 la boulangerie
113 le cheval de bât
114 le marchand
115 l'escalier de bois (m)
116 la cour intérieure
117 la cage d'escalier
118 la meurtrière
119 le trou de fumée
120 la forge
121 l'armurier (m)
122 le paysan
123 le vivier
124 la lavandière
125 le cordonnier
126 le scieur de bois

127 le couvreur de chaume
128 la cour extérieure
129 l'intendant (m)
130 la religieuse
131 le moine
132 la voûte
133 les bûches (f)
134 les chiens de meute (m)
135 le piqueur
136 la charrette

137 la cabane
138 le puits
139 le colombier
140 les colombes (f)
141 le garçon d'écurie
142 le perchoir
143 le fauconnier
144 le faucon
145 la fauconnerie
146 le chemin de ronde

147 la courtine
148 la sentinelle
149 le merlon
150 le créneau
151 le hourd
152 le corps de garde
153 la herse
154 le pont-levis
155 les mendiants (m)
156 le fossé

La musique

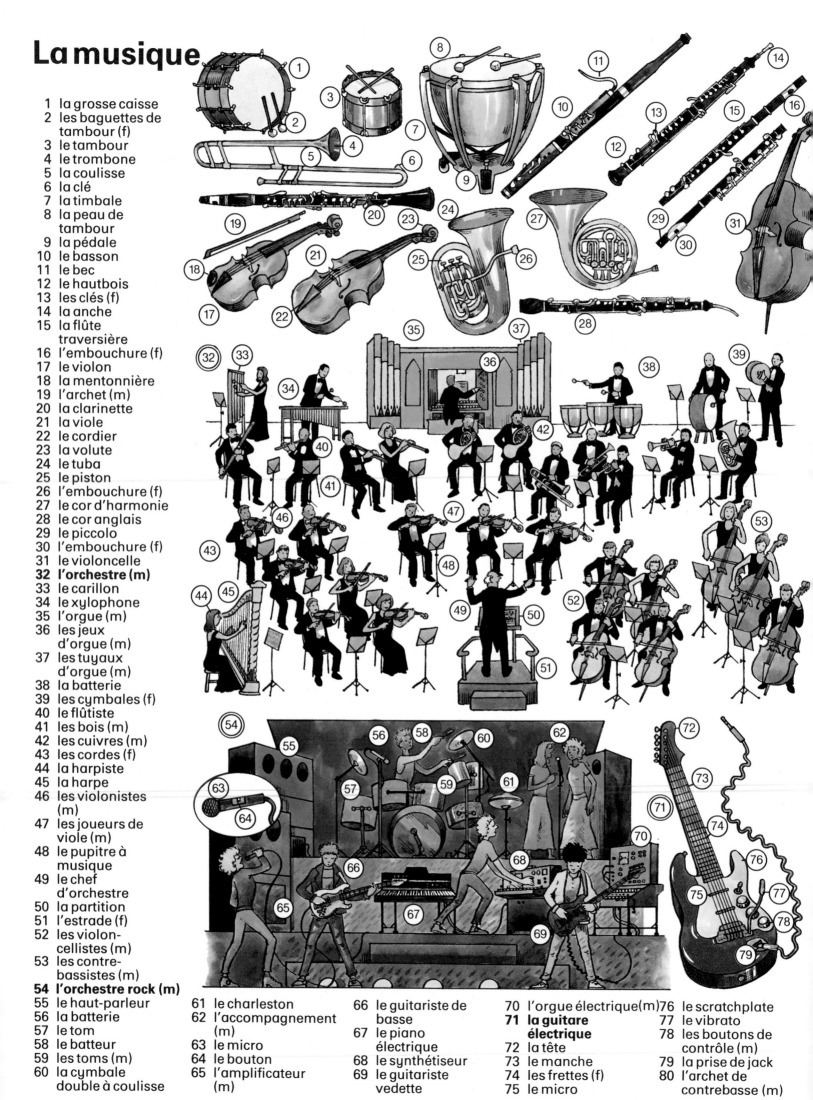

1 la grosse caisse
2 les baguettes de tambour (f)
3 le tambour
4 le trombone
5 la coulisse
6 la clé
7 la timbale
8 la peau de tambour
9 la pédale
10 le basson
11 le bec
12 le hautbois
13 les clés (f)
14 la anche
15 la flûte traversière
16 l'embouchure (f)
17 le violon
18 la mentonnière
19 l'archet (m)
20 la clarinette
21 la viole
22 le cordier
23 la volute
24 le tuba
25 le piston
26 l'embouchure (f)
27 le cor d'harmonie
28 le cor anglais
29 le piccolo
30 l'embouchure (f)
31 le violoncelle
32 **l'orchestre (m)**
33 le carillon
34 le xylophone
35 l'orgue (m)
36 les jeux d'orgue (m)
37 les tuyaux d'orgue (m)
38 la batterie
39 les cymbales (f)
40 le flûtiste
41 les bois (m)
42 les cuivres (m)
43 les cordes (f)
44 la harpiste
45 la harpe
46 les violonistes (m)
47 les joueurs de viole (m)
48 le pupitre à musique
49 le chef d'orchestre
50 la partition
51 l'estrade (f)
52 les violoncellistes (m)
53 les contre-bassistes (m)
54 **l'orchestre rock (m)**
55 le haut-parleur
56 la batterie
57 le tom
58 le batteur
59 les toms (m)
60 la cymbale double à coulisse

61 le charleston
62 l'accompagnement (m)
63 le micro
64 le bouton
65 l'amplificateur (m)

66 le guitariste de basse
67 le piano électrique
68 le synthétiseur
69 le guitariste vedette

70 l'orgue électrique (m)
71 **la guitare électrique**
72 la tête
73 le manche
74 les frettes (f)
75 le micro

76 le scratchplate
77 le vibrato
78 les boutons de contrôle (m)
79 la prise de jack
80 l'archet de contrebasse (m)

22

112 la flûte à bec
113 les castagnettes (f)
114 l'accordéon (m)
115 le clavier
116 l'harmonica (m)
117 l'orchestre de jazz (m)
118 le banjo
119 le saxophone
120 le chanteur de jazz
121 la trompette
122 le trompettiste
123 le pianiste
124 le piano
125 le métronome
126 le balancier
127 le chanteur «folk»
128 la guitare classique
129 la bouche
130 la table d'harmonie
131 la concertina
132 la fanfare
133 la majorette
134 le clairon
135 le cornet à pistons
136 la discothèque
137 le disc jockey
138 les danseurs (rn)
139 la piste de danse
140 le tourne-disque
141 les disques (m)
142 le steel band
143 le tambour métallique
144 la caisse cello
145 la caisse basse
146 la caisse ping-pong
147 la caisse
148 le conga
149 la batterie
150 le bongo
151 le tambourin
152 les grelots (m)
153 les cabasses (f)
154 les maracasses (f)
155 la cloche à vache
156 les claves (m)
157 le guiro

81 la contrebasse
82 les cordes (f)
83 le chevalet
84 la touche
85 les chevilles (f)
86 le glockenspiel
87 le dulcimer
88 le ukulele

89 la mandoline
90 la cornemuse
91 le chalumeau
92 l'outre (f)
93 le boufferet
94 le grand bourdon
95 les petits bourdons (m)

96 le wood block
97 la crécelle
98 le gong
99 le vibraphone
100 le koto
101 le triangle
102 le tambura
103 le sitar

104 la calebasse
105 la cithare
106 le marimba
107 la balalaïka
108 le luth
109 le chevillier
110 la clochette
111 les grelots (m)

23

A la campagne

1 la loutre
2 le hérisson
3 la limace
4 la musaraigne
5 le cerf
6 les bois (m)
7 le scarabée
8 le faon
9 la biche
10 la pomme de pin
11 l'écureuil (m)
12 le nid d'écureuil
13 les renardeaux (m)
14 le renard
15 le blaireau
16 le rat des champs
17 le rat d'eau
18 le nuage
19 le deltaplane
20 la montgolfière
21 le brûleur à gaz
22 la nacelle
23 le sac de sable
24 l'arc-en-ciel (m)
25 l'éolienne (f)
26 la pluie
27 la vallée
28 le sac à dos
29 le rapporteur
   d'orientation

30 le piton
31 le casque
   d'escalade
32 la chaussure
   d'alpiniste
33 l'alpiniste (m)
34 le pic
35 la falaise
36 la corde

37 le harnachement
38 le village
39 le cimetière
40 le cerf-volant
41 le clocher
42 le tunnel
43 le canal
44 la péniche
45 l'église (f)

46 le poteau
   télégraphique
47 la cabane de
   jardin
48 la serre
49 la plante
   grimpante
50 la maison
51 la balançoire

52 le jardin
53 la plante
54 la plate-bande
55 la pelouse
56 le tas de sable
57 le petit bassin
58 le toboggan
59 la cage à
   poule

92 le faucon
93 la colline
94 la branche
95 l'oiseau (m)
96 les oisillons (m)
97 le nid
98 la carrière
99 la ligne à haute tension
100 le pylône
101 la cabane de rondins
102 l'écluse (f)
103 le lac
104 la centrale électrique
105 la haie
106 le promeneur à cheval
107 l'arbre (m)
108 la forêt
109 le garde forestier
110 le hamac
111 la remorque
112 le pont
113 la berge
114 le buisson
115 le terrain de camping
116 le barbecue
117 le bois
118 le charbon de bois
119 la table de pique-nique
120 le lit de camp
121 l'écorce (f)
122 le pêcheur à la ligne
123 la rivière
124 la boussole
125 l'ornithologue amateur (m)
126 les jumelles (f)
127 la carte
128 le réchaud
129 la corde de tente
130 le bidon d'eau
131 la toile de tente
132 la lampe de poche
133 le mât
134 la glacière
135 le matelas pneumatique
136 le sac de couchage
137 la lampe à gaz
138 la tente
139 le piquet de tente
140 le papillon de nuit
141 les racines (f)
142 la mousse
143 la souche d'arbre
144 les champignons vénéneux (m)

60 le papillon
61 la taupinière
62 la taupe
63 la cascade
64 le promeneur
65 la libellule
66 le poteau indicateur
67 le chemin
68 le matériel de pêche
69 la canne à pêche
70 l'épuisette (f)
71 l'herbe (f)
72 l'hirondelle (f)
73 la tortue
74 le pigeon
75 la coccinelle
76 le faisan
77 la sauterelle
78 la grenouille
79 le nénuphar
80 la feuille de nénuphar
81 la fourmi
82 le crapaud
83 le bourdon
84 la fleur
85 le cygne
86 la chenille
87 la guêpe
88 l'araignée (f)
89 la toile d'araignée
90 l'escargot (m)
91 le ciel

Sur la route

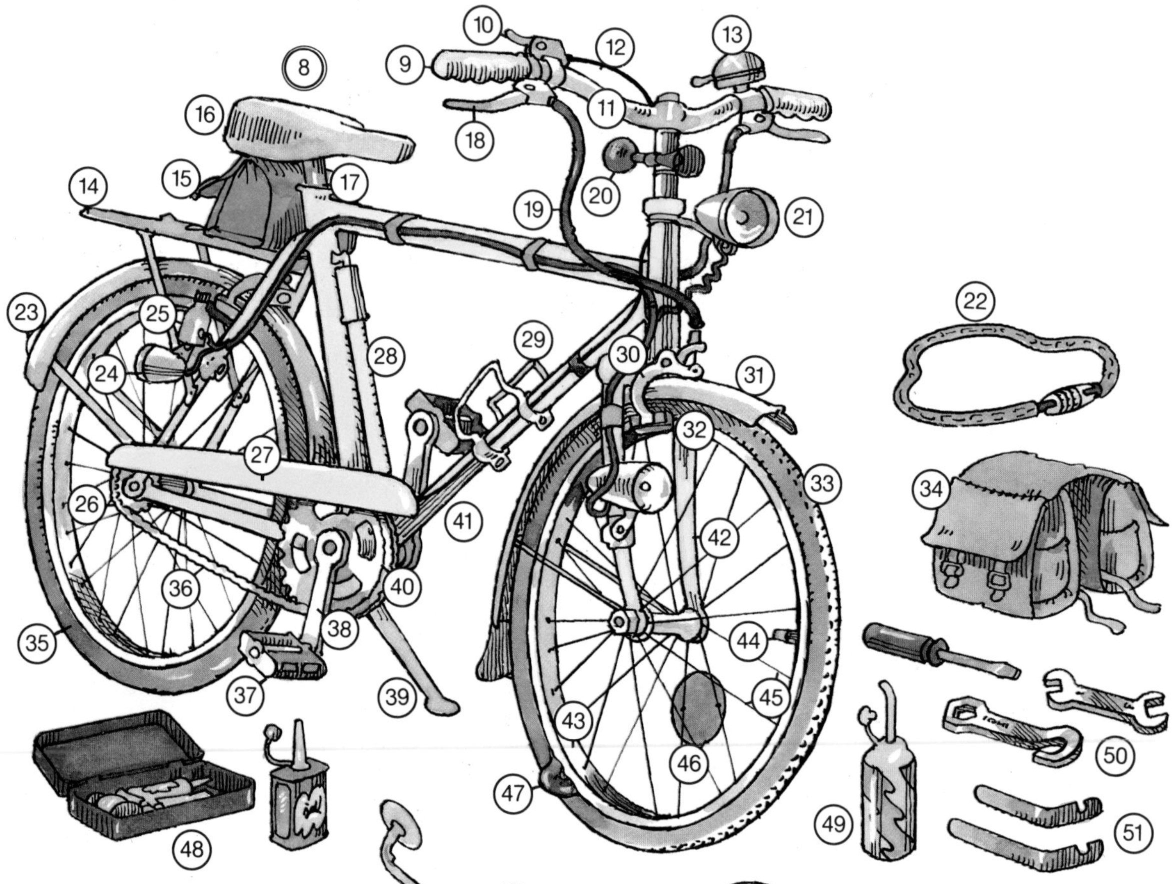

1 le tandem
2 le tricycle
3 la moto de cross
4 la bicyclette de course
5 le scooter
6 la mobylette
7 le go-kart
8 la bicyclette
9 la poignée
10 le levier de vitesse
11 le guidon
12 le câble
13 la sonnette
14 le porte-bagages
15 la sacoche à outils
16 la selle
17 la potence
18 la poignée de frein
19 le câble de frein
20 le klaxon
21 le phare
22 l'antivol (m)
23 le feu arrière
24 le phare arrière
25 la dynamo
26 le pignon
27 le carter
28 la pompe
29 le porte-gourde
30 le frein
31 le garde-boue
32 le patin de frein
33 la roue avant
34 les sacoches (f)
35 la roue arrière
36 la chaîne
37 la pédale
38 la manivelle
39 la béquille
40 le plateau de pédalier
41 le cadre
42 la fourche
43 la jante
44 la valve
45 les rayons (m)
46 le cataphote
47 la chambre à air
48 la trousse de secours
49 la gourde
50 les clés plates (f)
51 le démonte-pneu
52 la moto
53 la poignée de gaz
54 la poignée d'embrayage
55 le rétroviseur
56 le siège arrière
57 le réservoir d'essence
58 la bougie
59 le carburateur
60 le kick
61 l'amortisseur hydraulique (m)
62 le frein à disque
63 la fourche hydraulique
64 la pédale de frein
65 l'appui-pied (m)
66 le pot d'échappement
67 les gants (m)

68 la visière
69 le casque de moto
70 la voiture de sport
71 la voiture de course
72 le dragster
73 le side-car
74 le buggy
75 la voiture d'époque
76 la landrover
77 la camionnette
78 la dépanneuse
79 le camion-citerne
80 le camion de déménagements
81 la caravane
82 le camion transporteur
83 le car
84 l'autobus (m)
85 l'autobus à impériale (m)
86 le trolley-bus
87 le break
88 l'ambulance (f)
89 la voiture de pompiers
90 le camion poubelle
91 le mastodonte
92 le camion
93 le garage
94 la pompe à essence
95 le poste de lavage
96 la salle de réparations
97 la galerie
98 le mécanicien

99 l'élévateur hydraulique (m)
100 la pompe à air
101 la voiture
102 l'aile avant (f)
103 la lanterne
104 le pare-chocs avant

105 le phare
106 le radiateur
107 la courroie de ventilateur
108 le ventilateur
109 la culasse
110 le filtre à air
111 les accus (m)

112 le rétroviseur latéral
113 la suspension avant
114 le châssis
115 le piston
116 l'allumeur (m)
117 le filtre à huile

118	le carter	125	l'appui-tête (m)	133	le silencieux	140	la pompe à pied	145	le clignotant
119	le compteur	126	l'accélérateur (m)	134	le joint de cardan	141	la plaque	146	le bouchon
120	la jauge	127	le frein	135	l'arbre de		d'immatriculation	147	le moyeu
121	le pare-brise	128	l'embrayage (m)		transmission (m)	142	le tuyau	148	la cale
122	le volant	129	la boîte de vitesse	136	le coffre		d'échappement	149	la burette à huile
123	le tableau de bord	130	le levier	137	le stop	143	le pare-chocs	150	la boîte à outils
124	la ceinture de	131	le frein à main	138	la roue de secours		arrière	151	la clé en croix
	sécurité	132	le siège arrière	139	le phare de recul	144	le feu arrière	152	le cric
								153	le pneu

En ville

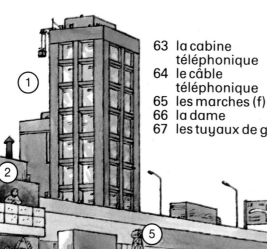

1 le gratte-ciel
2 les appartements (m)
3 le balcon
4 la caserne de pompiers
5 la sirène
6 la station-service
7 l'autopont (m)
8 l'escalier de secours (m)
9 l'hôtel (m)
10 le passage couvert
11 le groom
12 le portier
13 la valise
14 la réception
15 le hall
16 la voiture de livraison
17 l'immeuble de bureaux (m)
18 le standard
19 la dactylo
20 le bureau
21 la peinture murale
22 la lucarne
23 la poste
24 le bureau de tri
25 la boîte aux lettres
26 le facteur
27 les paquets (m)
28 le fourgon postal
29 le restaurant
30 la serveuse
31 l'auvent (m)
32 la statue
33 l'attroupement (m)
34 la barrière
35 la banque
36 le caissier
37 le garde
38 la camionnette blindée
39 la terrasse
40 la chambre forte
41 le supermarché
42 la réserve
43 l'enseigne (f) au néon
44 le chariot
45 la queue
46 le cinéma
47 l'enseigne (f)
48 la poissonnerie
49 le poissonier
50 le vendeur
51 le pharmacien
52 la caisse
53 le journal
54 le kiosque à journaux
55 le pilier
56 la plaque de rue
57 les séchoirs (m)
58 le salon de coiffure
59 le coiffeur
60 le panneau de signalisation
61 l'agent (m) de police
62 le cycliste

63 la cabine téléphonique
64 le câble téléphonique
65 les marches (f)
66 la dame
67 les tuyaux de gaz (m)

68 le drapeau
69 le mât
70 la station de taxis
71 le laveur de vitres (f)
72 le grand magasin

73 le réverbère
74 l'hôpital (m)
75 l'école (f)
76 l'institutrice (f)
77 les écoliers

78 le taxi
79 le balayeur
80 la voiture d'éboueur
81 les détritus (m)

82 la porte à tambour
83 l'étalagiste (m or f)
84 le mannequin
85 le portier
86 le malade

87 la rampe
88 la poussette
89 la contractuelle
90 le parcmètre
91 le banc
92 la nurse
93 le landau

94 la fontaine
95 le jardin public
96 le montant (de portail)
97 les barreaux (m)
98 le motard
99 le passager

100 l'arrêt (m) d'autobus (m)
101 le conducteur d'autobus
102 les voyageurs (m)
103 la fumée
104 le pompier
105 l'avertisseur lumineux (m)
106 l'incendie (m)
107 le tuyau d'incendie
108 la toile tendue
109 l'affiche (f)
110 l'éventaire de livres (m)
111 le libraire
112 le sac en plastique
113 le marchand de chaussures
114 les chaussures (f)
115 la boutique de souvenirs
116 les tee-shirts (m)
117 le poster
118 les badges (m)
119 l'éventaire de fruits (m)
120 le brancard
121 l'accident (m)
122 la bouche d'incendie
123 le trottoir
124 la bordure de trottoir
125 le clochard
126 les tableaux (m)
127 les feux de signalisation (m)
128 le marchand de légumes
129 le marchand de jouets
130 le marchand de vêtements
131 le tricot
132 les pantalons (m)
133 les robes (f)
134 les chapeaux (m)
135 le porte-vêtements
136 les chaussettes (f)
137 les manteaux (m)
138 le marchand de fleurs
139 le plan
140 le transformateur
141 la plaque d'égout
142 la boîte à ordures (f)
143 le passage pour piétons
144 le piéton
145 la bouche d'accès
146 le câble électrique
147 l'homme (m)
148 le passage souterrain
149 la conduite d'eau (f)
150 les eaux usées (f)
151 l'égout (m)
152 la chambre de distribution
153 le robinet-vanne
154 la grille d'égout

Jouets et jeux

1 la poupée
2 la poupée de chiffon
3 la princesse
4 le prince
5 le roi
6 la couronne
7 la reine
8 la fée
9 la baguette magique
10 la danseuse
11 le manche à balai
12 la sorcière
13 la mariée
14 le marié
15 la demoiselle d'honneur
16 le garçon d'honneur
17 le marin
18 le mobile
19 le perroquet
20 le tableau noir
21 la trousse
22 le stylo
23 le stylo à bille
24 les crayons (m)
25 les crayons gras (m
26 la gomme
27 la règle
28 les couleurs (f)
29 les feutres (m)
30 les nombres (m)
31 les lettres (f)
32 le carnet
33 le boulier
34 les boules (f)
35 les cubes (m)
36 l'aimant (m)
37 le globe terrestre
38 le jeu de chimie
39 l'éprouvette (f)
40 le brûleur à alcool
41 le bécher
42 l'entonnoir (m)
43 le flacon conique
44 la loupe
45 le microscope
46 le kaléidoscope
47 les ballons (m)
48 les chapeaux en papier (m)
49 les feux d'artifice (m)
50 le lampion
51 le totem
52 le wigwam
53 la coiffure de peau-rouge
54 le chef Indien
55 la squaw
56 le papoose
57 le fort
58 l'officier de cavalerie (m)
59 le guerrier Indien
60 la hache de guerre

61 le diable à ressort
62 la boîte à musique
63 la tirelire
64 la grande roue
65 le manège

66 le cheval à bascule
67 le théâtre de marionnettes
68 la marionnette
69 le guignol

70 la maison de poupée
71 le berceau
72 l'ours blanc (m)
73 le panda
74 le rhinocéros

75 le chameau
76 les pingouins (m)
77 le kangourou
78 le zèbre
79 le léopard
80 le singe

81 le crocodile
82 le fantôme
83 l'ange (m)
84 le magicien
85 le pistolet
86 le pirate

87 le trésor
88 le monstre
89 le dragon
90 le lutin
91 le gnome
92 le traîneau

93 le Père Noël
94 l'ours en
   peluche (m)
95 le renne
96 le sabot de Noël
97 le porte-monnaie

98 l'argent (m)
99 la broderie
100 la laine
101 l'aiguille à
    tricoter (f)
102 le tank
103 les soldats (m)
104 la grue
105 l'excavatrice (f)
106 la voiture
    téléguidée
107 la piste de course
108 l'engin
    spatial (m)
109 le cheval de bois
110 l'échasse
    sauteuse (f)
111 les échasses (f)
112 le cerceau
113 la trottinette
114 la corde à sauter
115 la toupie
116 les quilles (f)
117 les billes (f)
118 le jeu de société
119 les cartes à
    jouer (f)
120 les dés (m)
121 les jetons (m)
122 l'échiquier (m)
123 les pièces du jeu
    d'échecs (f)
124 le puzzle
125 les dominos (m)
126 le puzzle
127 la table de billard
128 la boule de billard
129 la queue de
    billard
130 le robot
131 le hochet
132 la boîte à goûter
133 le canif
134 le porte-clés
135 les clés (f)
136 la lampe de
    poche
137 la machine à
    écrire
138 le poste de radio
139 le tourne-disque
140 le talkie-walkie
141 le magnéto-
    phone à
    cassettes
142 les cassettes (f)
143 le jeu
    électronique
144 la cartouche
145 le jeu sur écran
    de télévision
146 les commandes (f)
147 l'ordinateur (m)
148 la calculatrice
149 le tigre
150 le lion
151 l'éléphant (m)
152 l'hippopotame
    (m)
153 le koala
154 la girafe
155 l'autruche (f)
156 le buffle
157 le loup
158 le serpent
159 le dinosaure

31

Arts et métiers

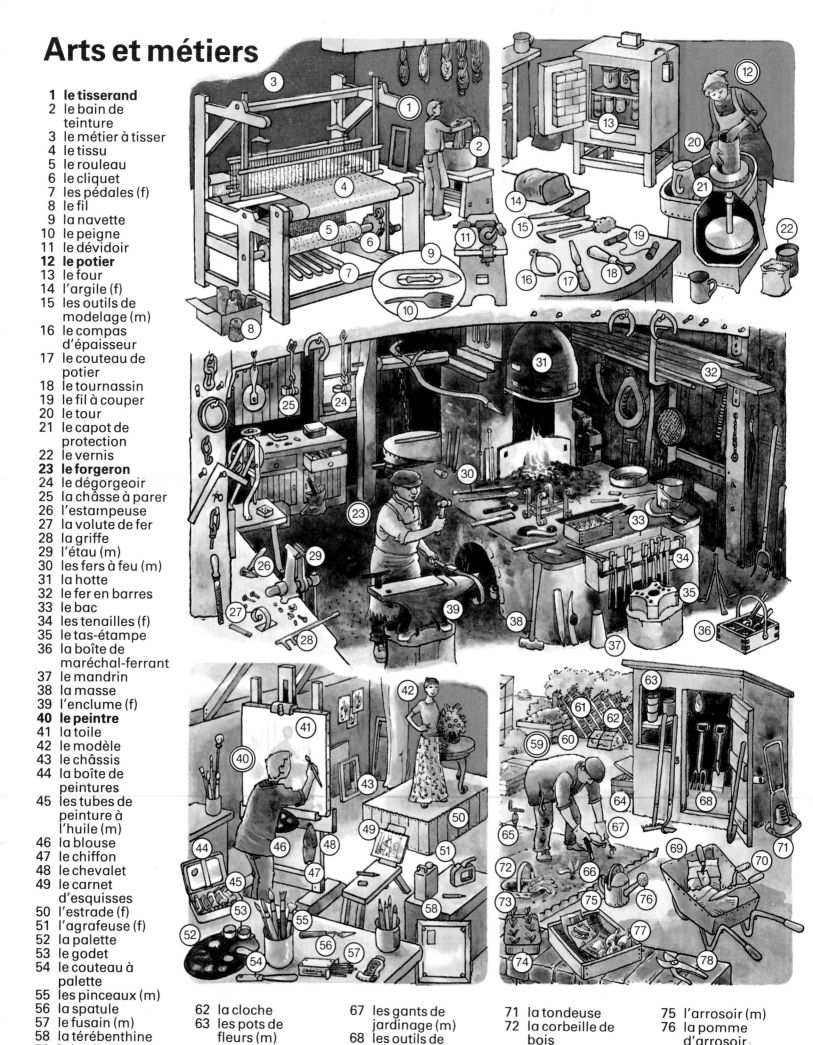

1 **le tisserand**
2 le bain de teinture
3 le métier à tisser
4 le tissu
5 le rouleau
6 le cliquet
7 les pédales (f)
8 le fil
9 la navette
10 le peigne
11 le dévidoir
12 **le potier**
13 le four
14 l'argile (f)
15 les outils de modelage (m)
16 le compas d'épaisseur
17 le couteau de potier
18 le tournassin
19 le fil à couper
20 le tour
21 le capot de protection
22 le vernis
23 **le forgeron**
24 le dégorgeoir
25 la châsse à parer
26 l'estampeuse
27 la volute de fer
28 la griffe
29 l'étau (m)
30 les fers à feu (m)
31 la hotte
32 le fer en barres
33 le bac
34 les tenailles (f)
35 le tas-étampe
36 la boîte de maréchal-ferrant
37 le mandrin
38 la masse
39 l'enclume (f)
40 **le peintre**
41 la toile
42 le modèle
43 le châssis
44 la boîte de peintures
45 les tubes de peinture à l'huile (m)
46 la blouse
47 le chiffon
48 le chevalet
49 le carnet d'esquisses
50 l'estrade (f)
51 l'agrafeuse (f)
52 la palette
53 le godet
54 le couteau à palette
55 les pinceaux (m)
56 la spatule
57 le fusain (m)
58 la térébenthine
59 **le jardinier**
60 le tas de terreau
61 le treillage
62 la cloche
63 les pots de fleurs (m)
64 le châssis
65 le cordeau
66 le plantoir
67 les gants de jardinage (m)
68 les outils de jardinage (m)
69 la brouette
70 les cisailles (f)
71 la tondeuse
72 la corbeille de bois
73 les semis (m)
74 la boîte à semis
75 l'arrosoir (m)
76 la pomme d'arrosoir
77 les oignons (m)
78 le sécateur
79 **la couturière**

103 le marteau à panne fendue
104 le tranchet
105 la scie à tenons
106 le bloc à onglets
107 la moulure
108 le photographe
109 l'appareil-photo (m)
110 le levier d'armement
111 le déclencheur
112 le pose-mètre
113 le sabot de flash
114 le rebobinage
115 le réglage de diaphragme
116 la mise au point
117 l'objectif (m)
118 le réflecteur
119 la soufflerie
120 la pellicule
121 le trépied
122 la toile de fond
123 la chambre noire
124 la lampe de chambre noire
125 l'éclairage direct (m)
126 le stroboscope
127 le transformateur
128 le téléobjectif
129 le projecteur de diapositives
130 le flash
131 l'étui (m)
132 les épreuves (f)
133 la cuisinière
134 la passoire
135 le fouet
136 le rouleau à pâtisserie
137 le tablier
138 la douille
139 la spatule
140 le pinceau à pâtisserie
141 le moule à gâteau
142 la planche à hacher
143 le couteau de cuisine
144 le presse-citron
145 la balance
146 le pot gradué
147 le mixeur
148 les cuillères en bois (f)
149 la jatte
150 la râpe
151 l'orfèvre (m)
152 l'argent (m)
153 l'établi (m)
154 le brunissoir
155 la lampe au propane
156 les pierres précieuses (f)
157 les bracelets (m)
158 le polissoir
159 la scie de joaillier
160 les brucelles (f)
161 les pinces (f)
162 la broche
163 la bague
164 le collier

80 la machine à coudre
81 la bobine de fil
82 le cadran de tension
83 le pied de biche
84 la cannette
85 le mètre
86 les ciseaux (m)
87 les aiguilles (f)
88 l'étoffe (f)
89 la boîte à couture
90 le patron
91 les boutons (m)
92 les épingles (f)
93 la pelote d'épingles
94 le fil
95 l'encadreur (m)
96 l'Isorel (m)
97 le verre à tableau
98 le carton de montage
99 le réglet
100 la presse à vis
101 la drille
102 la presse à onglet

Sur les rails

1 **la gare de triage**
2 le train de marchandises
3 le wagon de marchandises
4 le scanner
5 le conteneur
6 le grappin
7 la grue-portique
8 le wagon couvert
9 le projecteur
10 le wagon tombereau
11 le poste d'aiguillage
12 l'aiguilleur (m)
13 le wagon-citerne
14 l'entrepôt (m)
15 le truck
16 le chef de manutention
17 la balance
18 les cageots (m)
19 le signal de manoeuvre
20 les signaux
21 la locomotive de manoeuvre
22 **la gare**
23 l'horloge (f)
24 le haut-parleur
25 la consigne
26 le guichet
27 le bureau de renseignements
28 le marchand de journaux
29 les revues (f)
30 le jet d'eau
31 le passage souterrain
32 le voleur
33 le sac à main
34 le numéro de quai
35 la canne
36 le chariot électrique
37 la poinçonneuse
38 le tourniquet
39 l'extincteur (m)
40 l'ascenseur (m)
41 le signal d'alarme
42 l'étage (m)
43 l'escalier roulant (m)
44 l'escalier de secours (m)
45 le musicien ambulant
46 le conduit d'aération
47 la poutre d'acier
48 le ventilateur
49 la carte du métro
50 le panneau de sortie

51 le distributeur automatique
52 le rail conducteur
53 le métro
54 le quai
55 les sacs postaux (m)

56 le butoir
57 la voie ferrée
58 **la locomotive électrique**
59 le mécanicien
60 l'isolateur (m)

61 le cable aérien
62 le refroidisseur à huile
63 le coffre d'accumulateurs
64 le moteur électrique

65 le pantographe
66 la caténaire
67 l'essuie-glace (m)
68 les boutons de commandes (m)
69 la manette de sécurité

34

90 la couchette
91 le wagon-restaurant
92 le menu
93 le serveur
94 le barman
95 les bouteilles (f)
96 les toilettes (f)
97 le soufflet
98 la voiture de passagers
99 la serviette
100 le porte-bagages
101 la place
102 l'accoudoir (m)
103 le contrôleur
104 le chariot élévateu
105 le diable
106 les bagages (m)
107 le buffet
108 le libre-service
109 le photomaton
110 le chef de train
111 la salle d'attente
112 le tableau des horaires
113 la carte ferroviaire
114 la locomotive à vapeur
115 la porte de la boîte à fumée
116 la charnière
117 la cheminée
118 la conduite d'échappement
119 la boîte à fumée
120 la chaudière
121 le dôme de vapeur
122 la conduite d'eau
123 les tubes de chaudière (m)
124 le foyer
125 les soupapes de sûreté (f)
126 le sifflet
127 le régulateur
128 le levier de marche arrière
129 la cabine
130 le conducteur de train
131 le siège du conducteur
132 le tender
133 le charbon
134 le réservoir d'eau
135 le raccord de frein
136 la roue directrice
137 le cylindre
138 l'éjecteur de sablière (m)
139 le piston
140 la crosse
141 la bielle
142 le maneton
143 la bielle d'accouplement
144 la roue motrice
145 le cendrier
146 la grille
147 la boîte d'essieu

70 le volant
71 l'attelage de tête (m)
72 la traverse
73 le ballast
74 le rail

75 l'éclisse (f)
76 le crampon
77 la semelle de rail
78 le crocodile
79 l'autorail (m)
80 le téléphone-radio

81 la génératrice
82 le boggie
83 le contrôleur des roues
84 la motrice
85 le refroidisseur

86 le ventilateur
87 l'avertisseur (m)
88 le train de voyageurs
89 le compartiment de couchettes

35

Au studio

1 l'actrice (f)
2 l'acteur (m)
3 le producteur
4 le scénario
5 l'auteur (m)
6 le directeur de distribution
7 le porte-texte
8 le classeur
9 le magnétophone
10 le chariot à peintures
11 le peintre
12 les décors (m)
13 la toile de fond
14 le plan de scène
15 la lampe d'architecte
16 le décorateur
17 le machiniste
18 la planche à dessin
19 le modèle réduit
20 le magasin d'accessoires
21 le squelette
22 l'accessoiriste (m)
23 la béquille
24 les masques (m)
25 le fauteuil roulant
26 le trône
27 la plante artificielle
28 le trophée
29 le phonographe
30 la réserve de costumes
31 les casquettes (f)
32 le bonnet
33 la cape
34 le haut-de-forme
35 le châle
36 le voile
37 le porte-manteau
38 le tutu
39 le costume d'époque
40 le bouquet
41 le créateur de costumes
42 la robe de mariée
43 la ceinture
44 l'imperméable (m)
45 la manche
46 le col
47 les médailles (f)
48 l'uniforme (m)
49 les cravates (f)
50 les chemisiers (m)
51 les lunettes (f)
52 les perruques (f)
53 les lampes de maquillage (f)
54 le stéthoscope
55 le gilet
56 la maquilleuse
57 les rouleaux (m)
58 les moustaches (f)
59 la cicatrice
60 le séchoir
61 le coton hydrophile
62 la pâte à modeler
63 la fausse barbe

64 le faux-nez
65 le fard gras
66 les fausses dents (f)
67 la boîte de maquillage

68 le rouge à lèvres
69 la poudre de riz
70 la houppette
71 le casque
72 l'opérateur de téléprompteur

73 le télé-prompteur
74 le journaliste de la météo
75 la carte météorologique

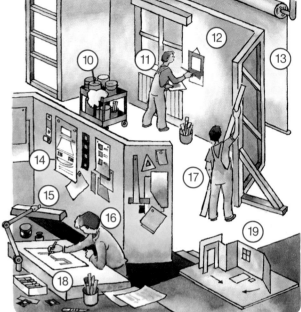

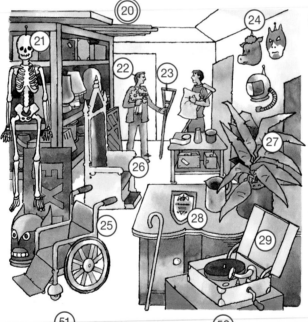

76 le dérouleur de texte
77 l'horloge digitale (f)
78 le bureau
79 l'écouteur (m)
80 le présentateur du journal télévisé
81 le studio
82 le projecteur suspendu
83 le spot
84 le foulard
85 la femme de ménage
86 le balai
87 le rideau
88 la robe de chambre
89 le flacon de médicament
90 l'infirmière (f)
91 la seringue
92 le thermomètre
93 le médecin
94 le calendrier
95 le goutte à goutte
96 le plâtre
97 le cadeau
98 la visiteuse
99 le poids
100 le machiniste
101 l'assistant (m)
102 le bandage
103 le sparadrap
104 les comprimés (m)
105 le «perchman»
106 la perche
107 le micro
108 la feuille de température
109 la caméra
110 le technicien du son
111 le cadreur
112 le directeur de plateau
113 le magnétoscope
114 le récepteur
115 la caméra sur grue
116 le zoom
117 l'aide-mémoire (m)
118 le viseur
119 la mise au point
120 le piédestal
121 le câble
122 la régie son
123 le régisseur du son
124 l'ingénieur du son (m)
125 la régie
126 le mélangeur d'images
127 le réalisateur
128 l'écran de contrôle (m)
129 le chronomètre
130 l'assistant de production (m)
131 le directeur technique
132 la régie images
133 l'opérateur images (m)
134 le directeur de la photo
135 la caméra
136 le «clap»
137 le stetson
138 le shérif
139 l'étui de revolver (m)
140 les éperons (m)
141 les jambières (f)
142 les balles (f)
143 les menottes (f)
144 le pistolet
145 le lasso
146 le décor
147 l'ingénieur du son (m)
148 le cow-boy
149 le bandit
150 la diligence
151 le cascadeur
152 la bourse
153 le tapis gonflable

En mer

1 **le paquebot**
2 la plage
3 le pont des sports
4 la boutique de fleurs
5 la galerie marchande
6 le pont supérieur
7 la cheminée
8 le déflecteur
9 la boîte de nuit
10 la vigie
11 la passerelle
12 les logements d'équipage (m)
13 le monte-charge pour autos
14 les cabines (f)
15 la cabine simple
16 les cabines de luxe (f)
17 le bar
18 la bibliothèque
19 la salle de théâtre et de conférence
20 le casino
21 le salon de beauté
22 la blanchisserie
23 la salle de danse
24 la cave
25 le restaurant
26 la salle de jeux
27 les hublots (m)
28 les propulseurs d'étrave (m)
29 l'écubier (m)
30 **l'aéroglisseur (m)**
31 la passerelle de commande

71 la fusée de signalisation
72 le sextant
73 la bouée de sauvetage
74 la latte
75 le sac à voiles
76 l'anémomètre (m)
77 le baromètre
78 la carte marine
79 la pagaie
80 la défense
81 le pennon
82 l'écope (f)
83 la remorque à bateau
84 **le cargo**
85 le pont de dunette
86 le bossoir
87 les canots de sauvetage (m)
88 la cheminée
89 la corne de brume
90 la timonerie
91 la hune
92 le nid de pie
93 le pont avant
94 le mât de charge
95 le gaillard-d'avant
96 le guindeau
97 le pavillon
98 la hampe de pavillon
99 la coque
100 l'arbre d'hélice (m)
101 les turbines (f)
102 la chambre des machines
103 le câble de mouillage
104 **le pétrolier**
105 la tour d'incendie
106 le treuil d'amarrage
107 le poinçon central de levage
108 les cuves (f)
109 **le bateau de sauvetage**
110 la rambarde

32 la rampe d'embarquement	38 le moteur hors-bord	45 le bateau-feu	52 le croc	62 la bôme
33 la jupe souple	39 le levier de direction	46 le fanal	53 le cabestan	63 le catamaran
34 les marches d'accès (f)	40 la vedette	**47 le remorqueur**	54 le chalutier	64 le trimaran
35 l'hydrofoil (m)	41 le bateau-pompe	48 la défense d'étrave	55 la potence	65 le balancier
36 le bateau à moteur	42 le dévidoir	49 le poste de pilotage	56 le chalut	66 la goëlette
37 le roof	43 les dalots (m)	50 le projecteur	57 le dragueur	67 la misaine
	44 la vedette de police	51 les feux de remorque (m)	58 la drague	68 le voilier de course
			59 le déversoir	69 la génoise
			60 le sloop	70 la quille
			61 le spinnaker	

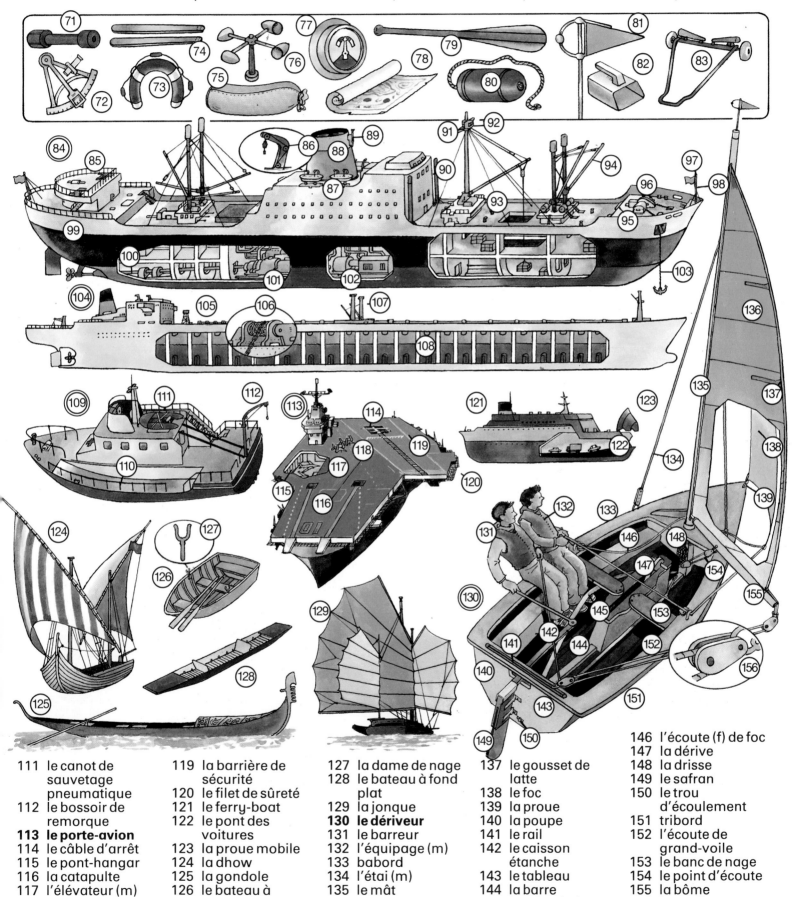

111 le canot de sauvetage pneumatique	119 la barrière de sécurité	127 la dame de nage	137 le gousset de latte	146 l'écoute (f) de foc
112 le bossoir de remorque	120 le filet de sûreté	128 le bateau à fond plat	138 le foc	147 la dérive
113 le porte-avion	121 le ferry-boat	129 la jonque	139 la proue	148 la drisse
114 le câble d'arrêt	122 le pont des voitures	**130 le dériveur**	140 la poupe	149 le safran
115 le pont-hangar	123 la proue mobile	131 le barreur	141 le rail	150 le trou d'écoulement
116 la catapulte	124 la dhow	132 l'équipage (m)	142 le caisson étanche	151 tribord
117 l'élévateur (m)	125 la gondole	133 babord	143 le tableau	152 l'écoute de grand-voile
118 les chasseurs (m)	126 le bateau à rames	134 l'étai (m)	144 la barre	153 le banc de nage
		135 le mât	145 le cale-pied	154 le point d'écoute
		136 la grand-voile		155 la bôme
				156 la poulie

Dans l'espace

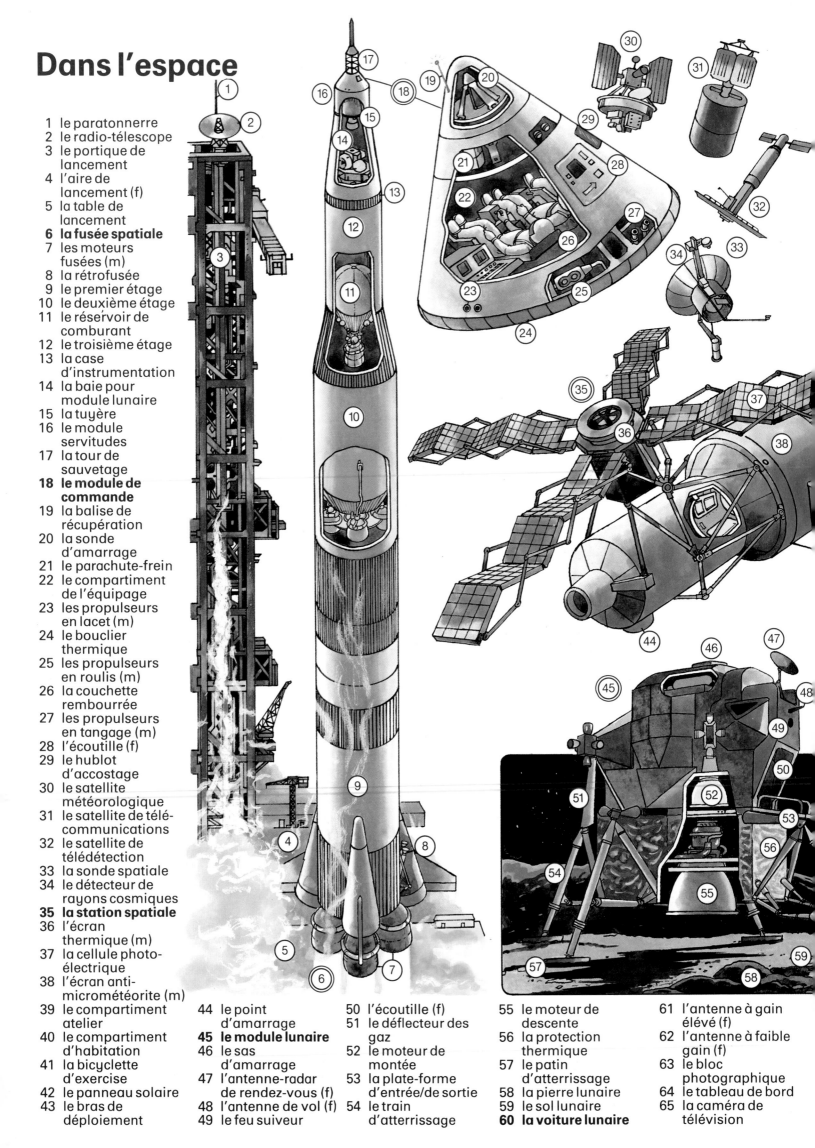

1 le paratonnerre
2 le radio-télescope
3 le portique de lancement
4 l'aire de lancement (f)
5 la table de lancement
6 la fusée spatiale
7 les moteurs fusées (m)
8 la rétrofusée
9 le premier étage
10 le deuxième étage
11 le réservoir de comburant
12 le troisième étage
13 la case d'instrumentation
14 la baie pour module lunaire
15 la tuyère
16 le module servitudes
17 la tour de sauvetage
18 le module de commande
19 la balise de récupération
20 la sonde d'amarrage
21 le parachute-frein
22 le compartiment de l'équipage
23 les propulseurs en lacet (m)
24 le bouclier thermique
25 les propulseurs en roulis (m)
26 la couchette rembourrée
27 les propulseurs en tangage (m)
28 l'écoutille (f)
29 le hublot d'accostage
30 le satellite météorologique
31 le satellite de télé- communications
32 le satellite de télédétection
33 la sonde spatiale
34 le détecteur de rayons cosmiques
35 la station spatiale
36 l'écran thermique (m)
37 la cellule photo- électrique
38 l'écran anti- micrométéorite (m)

39 le compartiment atelier
40 le compartiment d'habitation
41 la bicyclette d'exercice
42 le panneau solaire
43 le bras de déploiement
44 le point d'amarrage
45 le module lunaire
46 le sas d'amarrage
47 l'antenne-radar de rendez-vous (f)
48 l'antenne de vol (f)
49 le feu suiveur
50 l'écoutille (f)
51 le déflecteur des gaz
52 le moteur de montée
53 la plate-forme d'entrée/de sortie
54 le train d'atterrissage
55 le moteur de descente
56 la protection thermique
57 le patin d'atterrissage
58 la pierre lunaire
59 le sol lunaire
60 la voiture lunaire
61 l'antenne à gain élévé (f)
62 l'antenne à faible gain (f)
63 le bloc photographique
64 le tableau de bord
65 la caméra de télévision

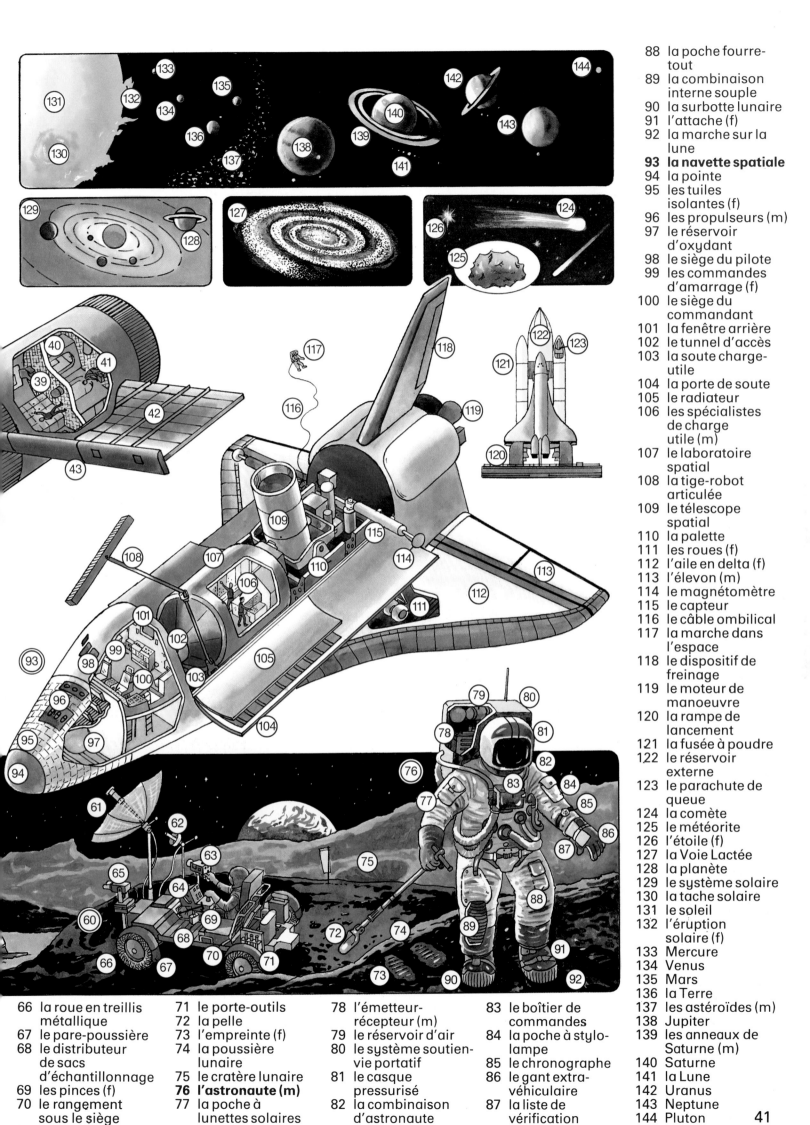

88 la poche fourre-tout
89 la combinaison interne souple
90 la surbotte lunaire
91 l'attache (f)
92 la marche sur la lune
93 la navette spatiale
94 la pointe
95 les tuiles isolantes (f)
96 les propulseurs (m)
97 le réservoir d'oxydant
98 le siège du pilote
99 les commandes d'amarrage (f)
100 le siège du commandant
101 la fenêtre arrière
102 le tunnel d'accès
103 la soute charge-utile
104 la porte de soute
105 le radiateur
106 les spécialistes de charge utile (m)
107 le laboratoire spatial
108 la tige-robot articulée
109 le télescope spatial
110 la palette
111 les roues (f)
112 l'aile en delta (f)
113 l'élevon (m)
114 le magnétomètre
115 le capteur
116 le câble ombilical
117 la marche dans l'espace
118 le dispositif de freinage
119 le moteur de manoeuvre
120 la rampe de lancement
121 la fusée à poudre
122 le réservoir externe
123 le parachute de queue
124 la comète
125 le météorite
126 l'étoile (f)
127 la Voie Lactée
128 la planète
129 le système solaire
130 la tache solaire
131 le soleil
132 l'éruption solaire (f)
133 Mercure
134 Venus
135 Mars
136 la Terre
137 les astéroïdes (m)
138 Jupiter
139 les anneaux de Saturne (m)
140 Saturne
141 la Lune
142 Uranus
143 Neptune
144 Pluton

66 la roue en treillis métallique
67 le pare-poussière
68 le distributeur de sacs d'échantillonnage
69 les pinces (f)
70 le rangement sous le siège
71 le porte-outils
72 la pelle
73 l'empreinte (f)
74 la poussière lunaire
75 le cratère lunaire
76 l'astronaute (m)
77 la poche à lunettes solaires
78 l'émetteur-récepteur (m)
79 le réservoir d'air
80 le système soutien-vie portatif
81 le casque pressurisé
82 la combinaison d'astronaute
83 le boîtier de commandes
84 la poche à stylo-lampe
85 le chronographe
86 le gant extra-véhiculaire
87 la liste de vérification

41

Index

This is a list of all the words in the book. They are in the same order as they appear in the pictures. The French word comes first and then its meaning in English. Before each French word there is a number. This tells you what number the object is on the page.

35	la douche	shower
36	le porte-serviettes	towel ring
37	l'armoire à pharmacie (f)	medicine cabinet
38	le papier hygiénique	toilet paper
39	la serviette	towel
40	les robinets (m)	taps
41	le fils	son
42	le lavabo	washbasin
43	la baignoire	bath
44	le pèse-personne	bathroom scales
45	le tapis de bain	bathmat
46	les toilettes (f)	lavatory
47	le panier de linge sale	laundry basket
48	le vase	vase
49	la porte	door
50	l'horloge (f)	grandfather clock
51	le hamster	hamster
52	la mère	mother
53	la couverture en patchwork	patchwork quilt
54	l'aspirateur (m)	vacuum cleaner
55	la fille	daughter
56	le fauteuil à bascule	rocking chair
57	les lits superposés (m)	bunkbeds
58	l'aquarium (m)	fish tank
59	la jardinière	window box
60	le porche	porch
61	**la cuisine**	**kitchen**
62	le carillon	chimes
63	la sonnette	door bell
64	l'ouverture pour chat (f)	cat flap
65	l'os (m)	bone
66	l'écuelle du chien (f)	dog bowl
67	le sèche-linge	tumble dryer
68	la cage à oiseaux	bird cage
69	le meuble de cuisine	kitchen cabinet
70	le plan de travail	worktop
71	l'évier (m)	sink
72	le store	blind
73	l'égouttoir (m)	draining board
74	la grand-mère	grandmother
75	le four	oven
76	le lave-vaisselle	dishwasher
77	le plateau	tray
78	la machine à laver	washing machine
79	le réfrigérateur	refrigerator
80	le congélateur	freezer
81	le buffet de cuisine	dresser
82	le compotier	fruit bowl
83	le fer à repasser	iron
84	la planche à repasser	ironing board
85	la nappe	tablecloth
86	la table	table
87	le tabouret	stool
88	la poubelle	bin
89	la planche à pain	bread board
90	le set de table	table mat
91	le verre	glass
92	la serviette de table	napkin
93	le pot à lait	milk jug
94	la chaise	chair
95	le panier du chien	dog basket
96	le porte-parapluies	umbrella stand
97	le portrait	portrait
98	**le hall d'entrée**	**hall**
99	le portemanteau	coat rack
100	le téléphone	telephone
101	les annuaires de téléphone (m)	telephone directories
102	le paillasson	doormat
103	**le salon**	**sitting room**
104	la bibliothèque	bookcase
105	le cadre à photo	photograph frame
106	la platine	record deck
107	la chaîne stéréo	stereo
108	le canapé	sofa
109	le grand-père	grandfather

110	l'étagère (f)	shelf
111	le porte-revues	magazine rack
112	la fenêtre	window
113	la télévision	television
114	le fauteuil	armchair
115	la table basse	coffee table
116	le cendrier	ashtray
117	le tapis	ring
118	la corbeille à papier	wastepaper basket
119	la brosse à dents	toothbrush
120	le savon	soap
121	le dentifrice	toothpaste
122	les sels de bain (m)	bath salts
123	la tasse	cup
124	la soucoupe	saucer
125	le peigne	comb
126	la brosse à cheveux	hair brush
127	le shampooing	shampoo
128	l'assiette (f)	plate
129	l'assiette à soupe (f)	soup bowl
130	le chiffon	duster
131	l'encaustique (f)	polish
132	la pelle	dustpan
133	la brosse de chiendent	scrubbing brush
134	la théière	teapot
135	la cafetière	coffee pot
136	la lessive	washing powder
137	le sucrier	sugar bowl
138	le beurrier	butter dish
139	le grille-pain	toaster
140	l'ouvre-boîte (m)	tin opener
141	le mixer	blender
142	le couteau	knife
143	la fourchette	fork
144	la cuillère	spoon
145	le porte-toast	toast rack
146	le couteau à découper	carving knife
147	la fourchette à découper	carving fork
148	le tire-bouchon	corkscrew
149	le sablier	egg timer
150	la casserole	saucepan
151	la poêle	frying pan
152	la cocotte	casserole dish
153	la louche	ladle
154	la salière	salt cellar
155	le moulin à poivre	peppermill
156	le bougeoir	candlestick
157	la passoire	colander
158	la bouilloire	kettle

Le sport I (Sports 1)

Pages 8-9

1	le starting-block	starting block
2	le sprinter	sprinter
3	les pointes (f)	track shoe
4	l'athlète (m)	athlete
5	le stade	stadium
6	la piste	running track
7	la pelouse	arena
8	les spectateurs (m)	spectators
9	l'entraîneur (m)	coach
10	le coureur de marathon	marathon runner
11	le pistolet	starting gun
12	les concurrents (m)	competitors
13	le gagnant	winner
14	la ligne d'arrivée	finishing line
15	le ruisseau	water jump
16	le coureur de steeple	steeplechaser
17	le coureur de haies	hurdler
18	la haie	hurdle

19	le saut en longueur	long jump
20	le saut en hauteur	high jump
21	la barre	crossbar
22	la planche d'appel	take-off board
23	le triple saut	triple jump
24	la perche	pole vault
25	le marcheur	race walker
26	le javelot	javelin
27	le lanceur de disque	discus thrower
28	le lanceur de poids	shot put
29	le grillage de sécurité	safety cage
30	le marteau	hammer
31	la course de relais	relay race
32	le témoin	baton
33	les disques (m)	discs
34	la barre	barbell
35	l'haltérophile (m)	weightlifter
36	les chaussures de lutte (f)	wrestling boots
37	le lutteur	wrestler
38	l'adversaire (m)	contestant
39	l'empenne (f)	flight
40	la fléchette	dart
41	le joueur de fléchettes	darts player
42	le marqueur	scorer
43	le tableau	scoreboard
44	la cible	dartboard
45	**le karaté**	**karate**
46	la savate	high kick
47	la tenue de karaté	karate suit
48	**le judo**	**judo**
49	la ceinture noire	black belt
50	le judoka	judoka
51	**la boxe**	**boxing**
52	le protège-tête	headguard
53	le boxeur	boxer
54	l'arbitre (m)	referee
55	le ring	boxing ring
56	les coussins d'angle (m)	corner cushion
57	le juge	judge
58	le chronométreur	time keeper
59	le gong	gong
60	le manager	manager
61	le soigneur	second
62	le speedball	speedball
63	le punching-bag	punchbag
64	le punching-ball	punchball
65	l'haltère (m)	dumb-bell
66	**l'escrime (f)**	**fencing**
67	le masque d'escrime	fencing mask
68	le maître d'armes	fencing master
69	l'escrimeur (m)	swordsman
70	le demi-gilet	half-jacket
71	la culotte	breeches
72	le fleuret	foil
73	le gant d'escrime	fencing glove
74	la manchette	cuff
75	l'épée (f)	épée
76	le sabre	sabre
77	la gymnaste	gymnast
78	le cheval sautoir	vaulting horse
79	le gymnase	gymnasium
80	le justaucorps	leotard
81	la poutre	beam
82	les barres asymétriques (f)	asymmetric bars
83	le plinth	vaulting box
84	le tremplin	springboard
85	le mouton	buck
86	le trampolino	trampoline
87	les anneaux (m)	rings
88	les barres parallèles (f)	parallel bars
89	la barre fixe	horizontal bar
90	le cheval d'arçons	pommel horse
91	le moniteur	instructor
92	l'espalier (m)	wall bars
93	le poirier	headstand
94	le banc	bench

95	le tapis	landing mat
96	la culbute	somersault
97	le matelas	mattress
98	l'arbre droit (m)	handstand
99	la corde lisse	rope
100	**le golf**	**golf**
101	les clubs de golf (m)	golf clubs
102	le sac de golf	golf bag
103	le teeing ground	teeing ground
104	le joueur de golf	golfer
105	le chariot	golf trolley
106	le caddie	caddie
107	le tee	tee
108	le fairway	fairway
109	la balle de golf	golf ball
110	le putting green	putting green
111	le drapeau	flagstick
112	le bunker	bunker
113	le rough	rough
114	le club-house	club house
115	le skieur nautique	waterskier
116	les skis nautiques (m)	waterskis
117	le tremplin	jumping ramp
118	le câble de remorque	tow rope
119	le bateau à moteur	motor boat
120	**le tennis**	**tennis**
121	l'arbitre (m)	umpire
122	le juge de ligne	linesman
123	le court de tennis	tennis court
124	la ligne de fond	baseline
125	les lignes de côté (f)	tramlines
126	la ligne de double	double sideline
127	la ligne de simple	singles sideline
128	la ligne de service	service line
129	le filet	tennis net
130	le ramasseur de balles	ball boy
131	le serveur	server
132	la raquette de tennis	tennis racket
133	la poignée	grip
134	la balle de tennis	tennis ball
135	le patineur à roulettes	rollerskater
136	le patin à roulettes	rollerskate
137	la courroie avant	toe binding
138	la pointe d'arrêt	toe stop
139	le protège-coude	elbow pad
140	le kick tail	kick tail
141	la genouillère	knee pad
142	la planche à roulettes	skateboard
143	le plongeoir supérieur	highboard
144	le plongeur	diver
145	la piscine	swimming pool
146	le tremplin	diving board
147	les couloirs (m)	lanes
148	la nage sur le dos	backstroke
149	le starter	starter
150	le bonnet de bain	bathing cap

Le sport II (Sports II)

Pages 10-11

1	**le ski**	**skiing**
2	le saut à skis	ski jump
3	la montagne	mountain
4	le téléphérique	cable car
5	le télésiège	chair lift
6	le skieur	skier
7	la piste	piste
8	la leçon de ski	ski class
9	le moniteur de ski	ski instructor
10	la luge	toboggan
11	la piste de slalom	slalom course
12	le ski	ski
13	la chaussure de ski	ski boot
14	le bâton de ski	ski pole

15	**le football américain**	**American football**
16	le protège-épaule	shoulder pad
17	le protège-cuisse	thigh pad
18	le poteau de but	goal post
19	**le football**	**soccer**
20	le drapeau d'angle	corner flag
21	le buteur	striker
22	le ballon de football	soccer ball
23	le sifflet	whistle
24	**le cricket**	**cricket**
25	le fielder	fielder
26	le batsman	batsman
27	la batte de cricket	cricket bat
28	le gardien de guichet	wicket keeper
29	la jambière	cricket pad
30	le lanceur	bowler
31	la balle de cricket	cricket ball
32	les piquets (m)	stumps
33	la ligne de service	bowling crease
34	le gant de batting	batting glove
35	**le rugby**	**rugby**
36	la mêlée	scrum
37	le demi de mêlée	scrum half
38	le ballon de rugby	rugby ball
39	**le jeu de lacrosse**	**lacrosse**
40	la crosse	crosse
41	**le base-ball**	**baseball**
42	le catcher	catcher
43	la batte de base-ball	baseball bat
44	le batter	batter
45	le gant	mitt
46	le camp	home plate
47	l'outfielder (m)	outfielder
48	la base	base
49	le point de lancement	pitcher's mound
50	le lanceur	pitcher
51	**le hockey sur glace**	**ice hockey**
52	le patin à glace	ice skate
53	le gant de hockey	stick glove
54	la jambière	goal pad
55	la ligne de but	goal line
56	la limite de gardien	goal crease
57	le palet	puck
58	**l'hippisme (m)**	**horse racing**
59	les couleurs (f)	racing colours
60	le cheval de course	racehourse
61	la cravache	whip
62	le jockey	jockey
63	l'œillère (f)	blinker
64	le poteau d'arrivée	winning post
65	**le canoë**	**canoeing**
66	le kayak	kayak
67	l'équipier avant (m)	bowman
68	le pont	deck
69	**le concours hippique**	**show jumping**
70	les barres (f)	post and rails
71	le triple obstacle	triple bar
72	l'obstacle (m)	horse jump
73	la botte	riding boot
74	la culotte de cheval	jodhpurs
75	la bombe	riding hat
76	**le surf**	**surfing**
77	l'aileron (m)	skeg
78	la planche de surf	surfboard
79	le leash	surf leash
80	**la course de bobsleigh**	**bobsleigh racing**
81	le patin arrière	rear runner
82	le garde-frein	brakeman
83	le capitaine	captain
84	le bob à deux	two-man bobsleigh
85	le patin avant	front runner
86	**le curling**	**curling**
87	le balai	curling broom
88	le chef d'équipe	skip (captain)
89	la cible	target circle
90	la patinoire	rink
91	le galet	curling stone
92	**le jeu de boules**	**bowls**
93	le tapis	bowling mat

94	le bowling green	bowling green
95	la boule	bowl
96	le cochonnet	jack
97	**le tennis de table**	**table tennis**
98	la raquette de ping-pong	table tennis bat
99	la ligne médiane	centre line
100	**le tir au fusil**	**rifle shooting**
101	le viseur	optical sight
102	le fusil	rifle
103	le tireur d'élite	marksman
104	les cartouches (f)	cartridges
105	le champ de tir	rifle range
106	**la pétanque**	**boules**
107	la pétanque	boule
108	la baguette	baguette
109	le terrain de boules	pitch
110	**le squash**	**squash**
111	le court de squash	squash court
112	la balle de squash	squash ball
113	la raquette de squash	squash racket
114	le carré de service	service box
115	le tir à l'arc	archery
116	la corde	bowstring
117	l'arc (m)	bow
118	la flèche	shaft
119	le brassard	arm bracer
120	la cible	target
121	le mille	bull's eye
122	**le jeu de croquet**	**croquet**
123	les attaches (f)	clips
124	le maillet	mallet
125	l'arceau (m)	hoop
126	la balle de croquet	croquet ball
127	le piquet	winning peg
128	**le polo**	**polo**
129	le maillet de polo	polo stick
130	le cheval de polo	polo pony
131	le bandage	ankle bandage
132	**la pelote basque**	**pelota**
133	la chistera	cesta (basket)
134	le terrain	jai-alai (court)
135	la pelote	pelote (ball)
136	**le basket**	**basketball**
137	le panneau	backboard
138	le bord du panier	basket rim
139	**le hockey**	**hockey**
140	le masque	faceguard
141	le gardien de but	goal keeper
142	le but	goal
143	la crosse de hockey	hockey stick
144	**le badminton**	**badminton**
145	la raquette de badminton	badminton racket
146	**le volant**	**shuttlecock**
147	**l'aviron (m)**	**rowing**
148	la yole	skiff
149	le barreur	cox
150	l'aviron (m)	oar
151	le rameur	oarsman
152	le hangar à bateaux	boat house

A la ferme (On the farm)

Pages 12-13

1	**les outils (m)**	**tools**
2	la binette	hoe
3	la fourche à bêcher	fork
4	la fourche à foin	pitchfork
5	la faucille	sickle
6	le sarcloir	potato rake
7	le râteau à foin	hay rake
8	la faux	scythe
9	la pelle	spade
10	la lame	blade
11	**les récoltes (f)**	**crops**
12	le seigle	rye
13	le blé	wheat
14	l'orge (m)	barley

15	l'avoine (f)	oats	100	la girouette	weathervane
16	la moutarde	mustard	101	le bain antiparasitaire	sheep dip
17	le chou	kale	102	le cueilleur de fruits	fruit picker
18	le tournesol	sunflower	103	le verger	orchard
19	le maïs	maize	104	la grille	cattle grid
20	l'épi (m)	cob	105	la grange	barn
21	la betterave à sucre	sugar beet	106	les sacs de grain	sacks of grain
22	le colza	rape	107	le taille-haie	hedge cutter
23	le trèfle	clover	108	le fermier	farmer
24	la luzerne	lucerne	109	le grain	corn
25	la vache	cow	110	l'atelier (m)	workshop
26	le pis	udder	111	l'étable (f)	cowshed
27	le veau	calf	112	la stalle	stall
28	la queue	tail	113	la paille	straw
29	le taureau	bull	114	le grenier à foin	hayloft
30	l'anneau (m)	nose ring	115	le rat	rat
31	l'agneau (m)	lamb	116	l'échelle (f)	ladder
32	la brebis	ewe	117	l'effraie (f)	barn owl
33	le bélier	ram	118	l'ouvrier agricole (m)	farm worker
34	le verrat	boar	119	l'exploitant agricole (m)	farm manager
35	le groin	snout			
36	la truie	sow	120	la balle de foin	hay bale
37	le porcelet	piglet	121	le camion laitier	milk tanker
38	le champ	field	122	le lait	milk
39	la cabane	shelter	123	la laiterie	dairy
40	l'enclos (m)	paddock	124	le cheval	horse
41	la barrière	gate	125	la crinière	mane
42	les abeilles (f)	bees	126	la selle	saddle
43	la ruche	beehive	127	le cavalier	rider
44	le tracteur	tractor	128	les rênes (f)	reins
45	la haie	hedge	129	l'étrier (m)	stirrup
46	la faucheuse	mowing machine	130	le sabot	hoof
47	le poulailler	hen house	131	l'engrais (m)	fertilizer
48	la mangeoire	feeder	132	le tablier	overall
49	le lièvre	hare	133	l'employé de laiterie	dairyman
50	la remise	shed			
51	le râtelier	hay net	134	la trayeuse	milking machine
52	l'écurie (f)	stable	135	la remorque	trailer
53	la ferme	farmhouse	136	le rouleau	roller
54	le volet	shutter	**137**	**les machines agricoles (f)**	machinery
55	le chaton	kitten			
56	le chat	cat	138	la ramasseuse-chargeuse de fourrage	forage harvester
57	la porcherie	pigsty			
58	l'abreuvoir (m)	trough			
59	le balai	besom	139	la moissoneuse-batteuse	combine harvester
60	les bottes (f)	boots			
61	le tonneau	water butt	140	la botteleuse	hay baler
62	la mangeoire pour oiseaux	bird table	141	le semoir	seed drill
			142	le cultivateur	cultivator
63	le mur	wall	143	la herse	harrow
64	le tuyau	hose	144	la charrue	plough
65	la niche	kennel	145	le fumier	manure
66	les chiots (m)	puppies	146	l'épandeuse (f)	muck spreader
67	la boue	mud	147	l'élévateur (m)	hay elevator
68	le lapin	rabbit	148	l'arracheuse (f)	potato harvester
69	le clapier	rabbit hutch			
70	la fermière	farmer's wife			
71	les oeufs (m)	eggs			
72	la clôture	fence			
73	les roseaux (m)	reeds			
74	la mare	pond			
75	le paon	peacock			
76	la chèvre	nanny goat			
77	le chevreau	kid			
78	la corne	horn			
79	le bouc	billy goat			
80	la jument	mare			
81	le poulain	foal			
82	l'âne (m)	donkey			
83	le canard	duck			
84	le caneton	duckling			
85	le cheval de trait	carthorse			
86	le dindon	turkey			
87	l'oie (f)	goose			
88	l'oison (m)	gosling			
89	le jeune coq	cockerel			
90	les plumes (f)	feathers			
91	le bec	beak			
92	la poule	hen			
93	l'épouvantail (m)	scarecrow			
94	les sillons (m)	furrows			
95	la meule de foin	haystack			
96	le silo à grain	silo			
97	le berger	shepherd			
98	le chien de berger	sheep dog			
99	le mouton	sheep			

A l'aéroport (At the airport)

Pages 14-15

1	**le tableau de bord**	instrument panel
2	l'horizon artificiel (m)	artificial horizon
3	l'anèmomètre (m)	airspeed indicator
4	l'altimètre (m)	altimeter
5	le radiocompas	radio compass
6	le manomètre	boost gauge
7	le tachymètre	tachometer
8	l'indicateur de température (m)	temperature gauge
9	l'indicateur de virage (m)	turn indicator
10	le levier de commande	control stick
11	la manette des gaz	throttle lever
12	les pédales de direction (f)	rudder pedals
13	**l'avion (m)**	light aircraft
14	la pale d'hélice	propeller blade

15	la casserole	spinner
16	le couvercle du cockpit	cockpit cover
17	l'aileron (m)	aileron
18	le volet d'atterrissage	landing flap
19	**l'hélicoptère (m)**	helicopter
20	la béquille de queue	tail skid
21	le stabilisateur	stabilizer
22	le rotor de queue	tail rotor
23	la sortie d'échappement	exhaust outlet
24	le moyeu du rotor	rotor hub
25	la pale de rotor	rotor blade
26	les patins d'atterrissage (m)	skid landing gear
27	**l'avion à décollage vertical (m)**	jump jet
28	la roue latérale extérieure	outrigger wheel
29	la tuyère de queue	tail puffer
30	l'aérofrein (m)	airbrake
31	la soufflante	fan air nozzle
32	la sonde de pitot	pitot head
33	le puits de train	wheel well
34	**le dirigeable**	airship
35	le nez	nose cone
36	les ballons à gaz (m)	gas bags
37	l'hélicoptère (m)	skycrane
38	**l'avion supersonique (m)**	supersonic airliner
39	le nez basculant	droop nose
40	le turbopropulseur	turbo-prop
41	l'avion d'affaires (m)	executive jet
42	le planeur	glider
43	**l'hydravion (m)**	flying boat
44	l'aile d'hydravion (f)	seawing
45	le flotteur	float
46	**l'avion-cargo (m)**	freight plane
47	le nez articulé	hinged nose
48	**l'aéroport (m)**	airport
49	le parking	carpark
50	l'antenne-radio (f)	radio aerial
51	les projecteurs (m)	floodlights
52	le radar	radar
53	la tour de contrôle	control tower
54	l'officier de contrôle au sol (m)	ground control officer
55	le plan de vol	flight plan
56	la terrasse	observation terrace
57	la passerelle	passenger bridge
58	le conteneur	cargo container
59	**l'avion à réaction (m)**	jet plane
60	la gouverne de profondeur	elevator
61	le cône de queue	tailcone
62	la gouverne de direction	rudder
63	la dérive de queue	tail fin
64	le drapeau	national flag
65	le stabilisateur	tailplane
66	le numéro d'immatriculation	registration number
67	la soute	cargo hold
68	les toilettes (f)	washroom
69	le chariot	food trolley
70	la cloison	bulkhead
71	la sortie de secours	emergency exit
72	les sièges inclinables (m)	reclining seats
73	l'écran (m)	cinema screen
74	l'antenne (f)	antenna
75	la camionnette du contrôleur du stationnement	apron supervisor's van
76	le spoiler	spoiler
77	le saumon d'aile	wing tip
78	la manche à air	windsock
79	les feux de piste (m)	runway lights
80	la piste	runway

81	le phare anti-collision	anti-collision light
82	la cabine des passagers	passenger cabin
83	l'admission d'air (f)	engine intake
84	le mécanicien de bord	flight engineer
85	le co-pilote	co-pilot
86	le pilote	pilot
87	la cabine de pilotage	flight deck
88	la voiture de police de l'aéroport	airport police car
89	le placeur	marshaller
90	le protège-tympans	earmuffs
91	le radome	radome
92	le train avant	nosewheels
93	le phare d'atterrissage	landing light
94	l'hôtesse de l'air (f)	stewardess
95	le fuselage	fuselage
96	le train d'atterrissage	undercarriage
97	le moteur à réaction	jet engine
98	le capot	engine cowling
99	le mécanicien au sol	maintenance engineer
100	**l'aérogare (f)**	**passenger terminal**
101	la boutique duty-free	duty free shop
102	la porte d'embarquement	departure gate
103	le contrôle de sécurité	security check
104	la salle de départ	departure lounge
105	le passeport	passport
106	le billet d'avion	airline ticket
107	la carte d'embarquement	boarding pass
108	les bagages (m) à main	hand luggage
109	le tableau indicateur	flight indicator board
110	le tapis roulant	conveyor belt
111	le guichet d'enregistrement	check-in desk
112	la salle des départs	departure hall
113	le service d'information	flight information
114	l'employé d'aéroport (m)	airport official
115	le service réservation d'hôtel	hotel reservations
116	la location-auto	car hire
117	la salle des arrivées	arrivals hall
118	le contrôle de douane	customs control
119	le tapis de livraison des bagages	luggage carousel
120	la salle des bagages	luggage reclaim hall
121	le service de l'immigration	immigration officer
122	le contrôle des passeports	passport control
123	le tapis roulant	moving walkway
124	**les véhicules de l'aéroport**	**airport vehicles**
125	la citerne de carburant	refueller
126	la citerne d'eau potable	freshwater tanker
127	le camion conditionneur d'air	air conditioning vehicle
128	le générateur mobile	mobile generator
129	le train de bagages	baggage train
130	le chasse-neige	snow blower
131	le camion-grue	cherry picker
132	le camion lève-charge	scissor-lift transporter
133	le camion de vidange	lavatory cleaning vehicle
134	le car de l'équipage	crew bus
135	le camion de dégivrage	ice removal vehicle
136	le car de passagers	passenger bus
137	la dépanneuse	tow truck
138	le camion de pompiers	fire tender

La plage et la mer (The beach and the sea)

Pages 16-17

1	la grotte	cave
2	le café de la plage	beach café
3	le haut-parleur	megaphone
4	le téléscope	telescope
5	le gardien de plage	lifeguard
6	la cabine	changing room
7	le marchand de glaces	icecream stall
8	le pédalo	pedal boat
9	le pêcheur de crevettes	shrimper
10	la bitte d'amarrage	bollard
11	la ceinture de sauvetage	lifebelt
12	la promenade	promenade
13	le pare-vent	windbreak
14	le chapeau	sun hat
15	le parasol	umbrella
16	le filet à crevettes	shrimping net
17	le phoque	seal
18	le bébé phoque	seal pup
19	la ligne des hautes eaux	tideline
20	le cormoran	cormorant
21	le maillot de bain	swimsuit
22	l'aile (f)	wing
23	le sac de plage	beach bag
24	le panier à pique-nique	picnic hamper
25	la serviette de plage	beach towel
26	la chaise longue	deckchair
27	le sable	sand
28	le ballon	beachball
29	les flotteurs (m)	armband
30	l'os de seiche (m)	cuttlefish bone
31	le rocher	rock
32	le seau	bucket
33	le château de sable	sandcastle
34	la pelle	spade
35	**la flaque d'eau**	**rock pool**
36	les couteaux (m)	razor shells
37	les aseidies (f)	sea squirts
38	la turritelle	tower shell
39	les huîtres (f)	oysters
40	la pince	claw
41	le crabe	crab
42	l'anémone de mer (f)	sea anemone
43	la grosse méduse	Portuguese-man-of-war
44	la laitue de mer	sea lettuce
45	la bernache	barnacle
46	les moules (f)	mussels
47	le buccin	whelk
48	les coques (f)	cockles
49	les patelles (f)	limpets
50	l'anatife (m)	goosebarnacle
51	l'araignée de mer (f)	spider crab
52	la crevette	shrimp
53	le trépang	sea slug
54	le bigorneau	periwinkle
55	l'oothèque (f)	egg case
56	l'oursin (m)	sea urchin
57	le bernard-l'hermite	hermit crab
58	l'étoile de mer (f)	starfish
59	la coquille Saint-Jacques	scallop
60	le homard	lobster
61	la pince	pincer
62	la méduse	jellyfish
63	le dauphin	dolphin
64	l'aileron (m)	fin
65	les algues (f)	seaweed
66	la raie	ray
67	l'anguille (f)	eel
68	le pèlerin	sailfish
69	les piquants (m)	spines
70	l'espadon (m)	swordfish
71	la pieuvre	octopus
72	le siphon	siphon
73	les ventouses (f)	suckers
74	la tentacule	tentacle
75	la seiche	cuttlefish
76	la soucoupe de plongée	diving saucer
77	le jet d'expulsion d'eau	water jet
78	le projecteur	searchlight
79	le bras mécanique	mechanical arm
80	le calmar	squid
81	l'éponge (f)	sponge
82	le garde-côte	coast guard
83	les dunes (f)	sand dunes
84	la corne de brume	fog signal
85	le poste de secours	lifeboat station
86	la cale de lancement	slipway
87	le phare	lighthouse
88	la baie	bay
89	l'île (f)	island
90	le radeau	raft
91	le masque de plongée	snorkel
92	les caisses de poisson (f)	fish boxes
93	le filet	net
94	le frisbee	frisbee
95	le brise-lames	breakwater
96	le véliplanchiste	windsurfer
97	le nageur	swimmer
98	la bouée	buoy
99	la mer	sea
100	la palme	flipper
101	les lunettes de plongée (f)	goggles
102	la mouette	seagull
103	le ressac	surf
104	le ver rouge	lugworm
105	l'ancre (f)	anchor
106	la nasse	crab pot
107	le poteau	post
108	le casier à homard	lobster pot
109	l'appontement (m)	jetty
110	le bois flotté	driftwood
111	la vague	wave
112	le pêcheur	fisherman
113	la barque de pêche	fishing boat
114	l'aiguille de mer (f)	pipefish
115	l'hippocampe (m)	seahorse
116	la tortue marine	turtle
117	le poisson-scie	sawfish
118	le clam géant	giant clam
119	le marsouin	porpoise
120	le serpent de mer	sea serpent
121	le requin	shark
122	la baleine	whale
123	l'homme-grenouille (m)	frogman
124	l'appareil de prises de vues sous-marines (m)	underwater camera
125	le corail	coral
126	le mini-sous-marin	mini submarine
127	le kiosque	conning tower
128	le navigateur	navigator
129	le réservoir de lest	ballast tank
130	la cage	cage
131	le câble	cable
132	l'épave (f)	shipwreck
133	le harpon	speargun
134	la ceinture lestée	weight belt
135	le scaphandre	aqualung
136	le scooter sous-marin	sea scooter
137	la combinaison de plongée	wetsuit

138	la jauge de profondeur	depth gauge
139	la montre étanche	waterproof watch
140	le tuyau d'oxygène	oxygen tube
141	le scaphandrier	deep sea diver
142	le casque de plongée	diving helmet
143	la tranchée	trench
144	le bathyscaphe	bathyscaphe
145	la coque pressurisée	pressure hull
146	la sonde acoustique	acoustic probe
147	le fond marin	sea bed

Les aliments (Food)

Pages 18-19

1	**les légumes (m)**	**vegetables**
2	les épinards (m)	spinach
3	les petits pois (m)	peas
4	les carottes (f)	carrots
5	les pommes de terre (f)	potatoes
6	la courge	marrow
7	le navet	turnip
8	le panais	parsnip
9	les aubergines (f)	aubergines
10	les courgettes (f)	courgettes
11	les choux de Bruxelles (m)	brussels sprouts
12	les poireaux (m)	leeks
13	le brocoli	broccoli
14	le chou-fleur	cauliflower
15	le céleri	celery
16	les haricots verts (m)	beans
17	le chou	cabbage
18	le chou rouge	red cabbage
19	la citrouille	pumpkin
20	les oignons (m)	onions
21	les champignons (m)	mushrooms
22	les artichauts (m)	artichokes
23	les asperges (f)	asparagus
24	les betteraves (f)	beetroot
25	le maïs (f)	sweetcorn
26	le fenouil	fennel
27	la laitue	lettuce
28	les radis (m)	radishes
29	les endives (f)	chicory
30	les tomates (f)	tomatoes
31	le concombre	cucumber
32	la rhubarbe	rhubarb
33	le poivron rouge	red pepper
34	le poivron vert	green pepper
35	les avocats (m)	avocados
36	**les fruits (m)**	**fruit**
37	les ananas (m)	pineapples
38	les noix de coco (f)	coconuts
39	les bananes (f)	bananas
40	le raisin	grapes
41	les limes (f)	limes
42	les citrons (m)	lemons
43	les oranges (f)	oranges
44	le pamplemousse	grapefruit
45	les mangues (f)	mangoes
46	les papayes (f)	paw paws
47	les figues (f)	figs
48	les poires (f)	pears
49	les pommes (f)	apples
50	les mandarines (f)	tangerines
51	les litchis (m)	lychees
52	les melons (m)	melons
53	les pastèques (f)	watermelons
54	les pêches (f)	peaches
55	les prunes (f)	plums
56	les dates (f)	dates
57	les abricots (m)	apricots
58	les reine-claudes (f)	greengages
59	les groseilles (f)	redcurrants

60	les myrtilles (f)	blueberries
61	les fraises (f)	strawberries
62	les framboises (f)	raspberries
63	les groseilles à maquereau (f)	gooseberries
64	les canneberges (f)	cranberries
65	les mûres (f)	blackberries
66	la salade	salad
67	le ragoût	stew
68	les spaghetti (m)	spaghetti
69	le sirop	syrup
70	la tourte	meat pie
71	le riz	rice
72	les boulettes (f)	dumplings
73	la soupe	soup
74	l'omelette (f)	omelette
75	les oeufs sur le plat (m)	fried eggs
76	le hamburger	hamburger
77	les crêpes (f)	pancakes
78	les frites (f)	potato chips
79	les hot-dogs (m)	hot dogs
80	la dinde rôtie	roast turkey
81	la farce	stuffing
82	les sandwiches (m)	sandwiches
83	la pizza	pizza
84	la quiche	quiche
85	le caviar	caviar
86	la glace	ice cream
87	le pâté	pâté
88	la sauce au chocolat	chocolate sauce
89	le soufflé	soufflé
90	la gelée	jelly
91	la mousse	mousse
92	les brochettes (f)	shish kebabs
93	les éclairs (m)	éclairs
94	la salade de fruits	fruit salad
95	le gâteau au fromage blanc	cheesecake
96	la crème anglaise	custard
97	la pâtisserie	pastry
98	les meringues (f)	meringues
99	la tarte aux fruits	fruit tart
100	la soupe anglaise	trifle
101	**les fines herbes (f)**	**herbs**
102	le basilic	basil
103	la ciboulette	chives
104	l'ail (m)	garlic
105	la menthe	mint
106	le persil	parsley
107	le romarin	rosemary
108	le thym	thyme
109	**la viande**	**meat**
110	le jambon	ham
111	le bacon	bacon
112	les côtelettes (f)	chops
113	le salami	salami
114	le bifteck	steak
115	les saucisses (f)	sausages
116	**le poisson**	**fish**
117	le saumon fumé	smoked salmon
118	les crevettes roses	prawns
119	les harengs fumés (m)	kippers
120	les croquettes de poisson (f)	fish cakes
121	le poisson pané	fish fingers
122	les sardines en boîte (f)	sardines
123	le thon en conserve	tuna fish
124	la tranche de poisson	fish steak
125	le filet de poisson	fish fillet
126	la brioche	bun
127	le pain de mie	white bread
128	les croissants (m)	croissants
129	les petits pains (m)	bread rolls
130	les muffins (m)	muffins
131	les beignets (m)	doughnuts
132	les gressins (m)	breadsticks
133	le glaçage	icing
134	le gâteau	cake
135	les biscuits (m)	biscuits
136	la baguette	French loaf
137	les scones (m)	scones

138	le «pitta»	pitta bread
139	les haricots secs (m)	dried beans
140	le chocolat chaud	hot chocolate
141	la bière	beer
142	le vin	wine
143	le café	coffee
144	les grains de café (m)	coffee beans
145	le thé	tea
146	le sachet de thé	tea bag
147	le jus de fruit	fruit juice
148	le milkshake	milkshake
149	la crème fraîche	cream
150	le sucre	sugar
151	la confiture	jam
152	la farine	flour
153	la moutarde	mustard
154	le sel	salt
155	le poivre	pepper
156	le miel	honey
157	la mayonnaise	mayonnaise
158	le ketchup	tomato ketchup
159	les céréales (f)	cereal
160	les noisettes (f)	hazelnuts
161	le beurre de cacahouètes	peanut butter
162	les bonbons (m)	sweets
163	les cornichons (m)	gherkins
164	les haricots blancs en boîte (m)	baked beans
165	le fromage	cheese
166	le beurre	butter
167	le yaourt	yoghurt
168	la confiture d'oranges	marmalade
169	les raisins secs (m)	raisins

Le château-fort (The castle)

Pages 20-21

1	le fantassin	foot soldier
2	la hache d'armes	bill
3	le casque plat	kettle hat
4	la pique	pike
5	l'arbalète (f)	crossbow
6	l'étrier (m)	stirrup
7	le carreau	quarrel
8	la gâchette	trigger
9	le carquois	quiver
10	les flèches (f)	arrows
11	l'arc (m)	longbow
12	la hache	axe
13	le fléau d'armes	flail
14	la masse d'armes	mace
15	le poignard	dagger
16	la tour d'assaut	siege tower
17	le bélier	battering ram
18	la baliste	ballista
19	la fronde	sling
20	le trébuchet	trebuchet
21	le mantelet	mantlet
22	l'archer (m)	archer
23	le mangonneau	mangonel
24	la marmite	firepot
25	l'huile bouillante (f)	boiling oil
26	**le canon**	**cannon**
27	la culasse	breech
28	la lumière	touch hole
29	la bourre	rope wad
30	les boulets de canon (m)	cannon balls
31	la gargousse	gunpowder cartridge
32	la gueule	muzzle
33	l'affût de canon (m)	gun carriage
34	la mèche	taper
35	le refouloir	rammer
36	le chevalier	knight
37	le pourpoint matelassé	quilted vest
38	l'écuyer (m)	squire

47

39	les jambières (f)	leggings
40	la capuche	hood
41	la cotte de mailles	chain mail
42	l'armure à écailles (f)	scale armour
43	l'armure à plates (f)	plate armour
44	le bassinet	basinet
45	le plastron de cuirasse	breast plate
46	le soleret	sabaton
47	l'épaulière (f)	roundel
48	la tunique	tunic
49	le heaume	great helm
50	les armoiries (f)	coat-of-arms
51	le fourreau	sheath
52	l'estramaçon (m)	broadsword
53	la grève	shin guard
54	la lance	lance
55	le bouclier	shield
56	**le tournoi**	jousting tournament
57	la quintaine	quintain
58	le plumail	plume
59	la tente	pavilion
60	le gentilhomme	noble
61	la couronne	coronel
62	le chanfrein	horse armour
63	le drap	tilt
64	le pommeau de selle	pommel saddle
65	le cimier	crest
66	les trompettes (f)	trumpeters
67	le héraut	herald
68	**le château**	castle
69	la tourelle	turret
70	les créneaux (m)	battlements
71	la salle seigneuriale	solar
72	le donjon	keep
73	la fenêtre en ogive	lancet window
74	le baron	baron
75	le tailleur	tailor
76	la baronne	baroness
77	la servante	maid
78	la tapisserie	tapestry
79	le chapelain	chaplain
80	le crucifix	cross
81	la chapelle	chapel
82	le troubadour	troubadour
83	la paillasse	pallet
84	la galerie	gallery
85	le ménestrel	minstrel
86	le baquet	tub
87	la bougie	candle
88	la grande salle	great hall
89	la cheminée	fireplace
90	l'escalier en colimaçon (m)	spiral staircase
91	les tonneaux (m)	barrel
92	les oubliettes (f)	dungeon
93	le prisonnier	prisoner
94	le boulet et la chaîne	ball and chain
95	le geôlier	jailer
96	la garde-robe	garderobe
97	le banc	bench
98	la table à tréteaux	trestle table
99	le fou	jester
100	le contrefort	buttress
101	le chaudron	cauldron
102	le cabanon des cuisines	kitchen shed
103	le chaume	thatch
104	le plant de fines herbes	herb bed
105	le jardin clos	walled garden
106	l'arbre fruitier (m)	fruit tree
107	le soufflet	bellows
108	le grand four	great oven
109	la broche	spit
110	le garde	guard
111	le pare-feu	firescreen
112	la boulangerie	bakehouse
113	le cheval de bât	packhorse
114	le marchand	merchant
115	l'escalier de bois (m)	wooden stairs

116	la cour intérieure	inner bailey
117	la cage d'escalier	stairwell
118	la meurtrière	arrowslit
119	le trou de fumée	smokehole
120	la forge	smithy
121	l'armurier (m)	armourer
122	le paysan	peasant
123	le vivier	fish pond
124	la lavandière	laundress
125	le cordonnier	shoemaker
126	le scieur de bois	woodcutter
127	le couvreur de chaume	thatcher
128	la cour extérieure	outer bailey
129	l'intendant (m)	steward
130	la religieuse	nun
131	le moine	monk
132	la voûte	arch
133	les bûches (f)	logs
134	les chiens de meute (m)	hounds
135	le piqueur	keeper-of-the-hounds
136	la charrette	cart
137	la cabane	hut
138	le puits	well
139	le colombier	dovecote
140	les colombes (f)	doves
141	le garçon d'écurie	stable boy
142	le perchoir	perch
143	le fauconnier	falconer
144	le faucon	falcon
145	la fauconnerie	falcons' mews
146	le chemin de ronde	wall walk
147	la courtine	curtain wall
148	la sentinelle	sentry
149	le merlon	merlon
150	le créneau	crenel
151	le hourd	hoarding
152	le corps de garde	gatehouse
153	la herse	portcullis
154	le pont-levis	drawbridge
155	les mendiants (m)	beggars
156	le fossé	ditch

La musique (Music)

Pages 22-23

1	la grosse caisse	bass drum
2	les baguettes de tambour (f)	drumsticks
3	le tambour	snare drum
4	le trombone	trombone
5	la coulisse	slide
6	la clé	water key
7	la timbale	kettle drum
8	la peau de tambour	drumhead
9	la pédale	foot pedal
10	le basson	bassoon
11	le bec	crook
12	le hautbois	oboe
13	les clés (f)	keys
14	l'anche	reed
15	la flûte traversière	flute
16	l'embouchure (f)	blow-hole
17	le violon	violin
18	la mentonnière	chin rest
19	l'archet (m)	violin bow
20	la clarinette	clarinet
21	la viole	viola
22	le cordier	tailpiece
23	la volute	scroll
24	le tuba	tuba
25	le piston	valve
26	l'embouchure (f)	mouthpiece
27	le cor d'harmonie	French horn
28	le cor anglais	cor anglais
29	le piccolo	piccolo
30	l'embouchure (f)	lip plate
31	le violoncelle	cello
32	**l'orchestre (m)**	**orchestra**

33	le carillon	tubular bells
34	le xylophone	xylophone
35	l'orgue (m)	organ
36	les jeux d'orgue (m)	stops
37	les tuyaux d'orgue (m)	organ pipes
38	la batterie	percussion
39	les cymbales (f)	cymbals
40	le flûtiste	flautist
41	les bois (m)	woodwind
42	les cuivres (m)	brass section
43	les cordes (f)	string section
44	la harpiste	harpist
45	la harpe	harp
46	les violonistes (m)	violinists
47	les joueurs de viole (m)	viola players
48	le pupitre à musique	music stand
49	le chef d'orchestre	conductor
50	la partition	music sheet
51	l'estrade (f)	rostrum
52	les violoncellistes (m)	cellists
53	les contrebassistes (m)	double bass players
54	**l'orchestre rock (m)**	rock group
55	le haut-parleur	speaker
56	la batterie	drumkit
57	le tom	floor tom
58	le batteur	drummer
59	les toms (m)	tom toms
60	la cymbale double à coulisse	crash and ride cymbal
61	le charleston	hihat
62	l'accompagnement (m)	backup singers
63	le micro	microphone
64	le bouton	reed switch
65	l'amplificateur (m)	amplifier
66	le guitariste de basse	bass guitarist
67	le piano électrique	electric piano
68	le synthétiseur	moog synthesiser
69	le guitariste vedette	lead guitarist
70	l'orgue électrique	electric organ
71	**la guitare électrique**	electric guitar
72	la tête	headstock
73	le manche	neck
74	les frettes (f)	frets
75	le micro	pickup
76	le scratch plate	scratchplate
77	le vibrato	tremolo arm
78	les boutons de contrôle (m)	controls
79	la prise de jack	jack plug socket
80	l'archet de contrebasse	double bass bow
81	la contrebasse	double bass
82	les cordes (f)	strings
83	le chevalet	bridge
84	la touche	fingerboard
85	les chevilles (f)	tuning pegs
86	le glockenspiel	glockenspiel
87	le dulcimer	dulcimer
88	le ukulele	ukelele
89	la mandoline	mandolin
90	la cornemuse	bagpipes
91	le chalumeau	melody pipe
92	l'outre (f)	windbag
93	le boufferet	blowpipe
94	le grand bourdon	drone pipe
95	les petits bourdons (m)	tenor drones
96	le wood block	wood block
97	la crécelle	rattle
98	le gong	gong
99	le vibraphone	vibraphone
100	le koto	koto
101	le triangle	triangle
102	la tambura	tambura
103	le sitar	sitar
104	la calebasse	gourd
105	la cithare	zither
106	le marimba	marimba
107	la balalaïka	balalaika

108	le luth	lute
109	le chevillier	pegbox
110	la clochette	handbell
111	les grelots (m)	sleigh bells
112	la flûte à bec	recorder
113	les castagnettes (f)	castanets
114	l'accordéon (m)	accordion
115	le clavier	keyboard
116	l'harmonica (m)	harmonica
117	**l'orchestre de jazz (m)**	**jazz band**
118	le banjo	banjo
119	le saxophone	saxophone
120	le chanteur de jazz	jazz singer
121	la trompette	trumpet
122	le trompettiste	trumpeter
123	le pianiste	pianist
124	le piano	piano
125	le métronome	metronome
126	le balancier	pendulum
127	le chanteur «folk»	folk singer
128	la guitare classique	Spanish guitar
129	la bouche	soundhole
130	la table d'harmonie	soundboard
131	la concertina	concertina
132	**la fanfare**	**brass band**
133	la majorette	drum majorette
134	le clairon	bugle
135	le cornet à pistons	cornet
136	**la discothèque**	**discothèque**
137	le disc jockey	disc jockey
138	les danseurs (m)	disco dancers
139	la piste de danse	dance floor
140	le tourne-disque	turntable
141	les disques (m)	records
142	**le steel band**	**steel band**
143	le tambour métallique	steel drum
144	la caisse cello	cello pan
145	la caisse basse	bass pan
146	la caisse ping-pong	ping pongs
147	la caisse guitare	guitar pan
148	le conga	conga drum
149	la batterie	rhythm section
150	le bongo	bongo drums
151	le tambourin	tambourine
152	les grelots (m)	jingles
153	les cabasses (f)	cabasas
154	les maracasses (f)	maracas
155	la cloche à vache	cow bell
156	les claves (m)	claves
157	le guiro	guiro

A la campagne (In the country)

Pages 24-25

1	la loutre	otter
2	le hérisson	hedgehog
3	la limace	slug
4	la musaraigne	shrew
5	le cerf	stag
6	les bois (m)	antlers
7	le scarabée	beetle
8	le faon	fawn
9	la biche	doe
10	la pomme de pin	pine cone
11	l'écureuil (m)	squirrel
12	le nid d'écureuil	drey
13	les renardeaux (m)	fox cubs
14	le renard	fox
15	le blaireau	badger
16	le rat des champs	harvest mouse
17	le rat d'eau	water vole
18	le nuage	cloud
19	le deltaplane	hang glider
20	la montgolfière	hot air balloon
21	le brûleur à gaz	gas burner
22	la nacelle	basket
23	le sac de sable	sand bag
24	l'arc-en-ciel (m)	rainbow

25	l'éolienne (f)	windmill
26	la pluie	rain
27	la vallée	valley
28	le sac à dos	rucksack
29	le rapporteur d'orientation	karabiner
30	le piton	piton
31	le casque d'escalade	climbing helmet
32	la chaussure d'alpiniste	climbing boot
33	l'alpiniste (m)	rock climber
34	le pic	piton hammer
35	la falaise	cliff
36	la corde	climbing rope
37	le harnachement	climbing harness
38	le village	village
39	le cimetière	cemetery
40	le cerf-volant	kite
41	le clocher	spire
42	le tunnel	tunnel
43	le canal	canal
44	la péniche	barge
45	l'église (f)	church
46	le poteau télégraphique	telegraph pole
47	la cabane de jardin	garden shed
48	la serre	greenhouse
49	la plante grimpante	creeper
50	la maison	house
51	la balançoire	swing
52	le jardin	garden
53	la plante	plant
54	la plate-bande	flower bed
55	la pelouse	lawn
56	le tas de sable	sand pit
57	le petit bassin	paddling pool
58	le toboggan	slide
59	la cage à poule	climbing frame
60	le papillon	butterfly
61	la taupinière	mole hill
62	la taupe	mole
63	la cascade	waterfall
64	le promeneur	hiker
65	la libellule	dragonfly
66	le poteau indicateur	signpost
67	le chemin	path
68	le matériel de pêche	tackle box
69	la canne à pêche	fishing rod
70	l'épuisette (f)	fishing net
71	l'herbe (f)	grass
72	l'hirondelle (f)	swallow
73	la tortue	tortoise
74	le pigeon	pigeon
75	la coccinelle	ladybird
76	le faisan	pheasant
77	la sauterelle	grasshopper
78	la grenouille	frog
79	le nénuphar	water lily
80	la feuille de nénuphar	lily pad
81	la fourmi	ant
82	le crapaud	toad
83	le bourdon	bumblebee
84	la fleur	flower
85	le cygne	swan
86	la chenille	caterpillar
87	la guêpe	wasp
88	l'araignée (f)	spider
89	la toile d'araignée	web
90	l'escargot (m)	snail
91	le ciel	sky
92	le faucon	hawk
93	la colline	hill
94	la branche	branch
95	l'oiseau (m)	bird
96	les oisillons (m)	nestlings
97	le nid	nest
98	la carrière	quarry
99	la ligne à haute tension	power line
100	le pylône	pylon
101	la cabane de rondins	log cabin
102	l'écluse (f)	lock
103	le lac	lake

104	la centrale électrique	power station
105	la haie	hedgerow
106	le promeneur à cheval	pony rider
107	l'arbre (m)	tree
108	la forêt	forest
109	le garde forestier	forester
110	le hamac	hammock
111	la remorque	tow bar
112	le pont	bridge
113	la berge	river bank
114	le buisson	bush
115	le terrain de camping	camp site
116	le barbecue	barbeque
117	le bois	firewood
118	le charbon de bois	charcoal
119	la table de pique-nique	picnic table
120	le lit de camp	camp bed
121	l'écorce (f)	bark
122	le pêcheur à la ligne	angler
123	la rivière	river
124	la boussole	compass
125	l'ornithologue amateur (m)	birdwatcher
126	les jumelles (f)	binoculars
127	la carte	map
128	le réchaud	camping stove
129	la corde de tente	guy rope
130	le bidon d'eau	water carrier
131	la toile de tente	fly sheet
132	la lampe de poche	torch
133	le mât	tent pole
134	la glacière	ice box
135	le matelas pneumatique	air mattress
136	le sac de couchage	sleeping bag
137	la lampe à gaz	gas lamp
138	la tente	tent
139	le piquet de tente	tent peg
140	le papillon de nuit	moth
141	les racines (f)	roots
142	la mousse	moss
143	la souche d'arbre	tree stump
144	les champignons vénéneux (m)	toadstools

Sur la route (On the road)

Pages 26-27

1	le tandem	tandem
2	le tricycle	tricycle
3	la moto de cross	scrambler bike
4	la bicyclette de course	racing bike
5	le scooter	motor scooter
6	la mobylette	moped
7	le go-kart	go-kart
8	**la bicyclette**	**bicycle**
9	la poignée	hand grip
10	le levier de vitesse	gear change lever
11	le guidon	handlebar
12	le câble	gear cable
13	la sonnette	bell
14	le porte-bagages	carrier
15	la sacoche à outils	saddle bag
16	la selle	saddle
17	la potence	seat stem
18	la poignée de frein	brake lever
19	le câble de frein	brake cable
20	le klaxon	horn
21	le phare	bicycle lamp
22	l'antivol (m)	bicycle lock
23	le feu arrière	rear reflector
24	le phare arrière	rear lamp
25	la dynamo	dynamo
26	le pignon	sprocket
27	le carter	chain guard

28	la pompe	bicycle pump	
29	le porte-gourde	water bottle carrier	
30	le frein	brake calliper	
31	le garde-boue	mudguard	
32	le patin de frein	brake block	
33	la roue avant	front wheel	
34	les sacoches (f)	panniers	
35	la roue arrière	rear wheel	
36	la chaîne	bicycle chain	
37	la pédale	pedal	
38	la manivelle	pedal crank	
39	la béquille	kickstand	
40	le plateau de pédalier	chain wheel	
41	le cadre	frame	
42	la fourche	front fork	
43	la jante	wheel rim	
44	la valve	valve	
45	les rayons (m)	spokes	
46	le cataphote	spoke reflector	
47	la chambre à air	inner tube	
48	la trousse de secours	puncture repair kit	
49	la gourde	water bottle	
50	les clés plates (f)	spanners	
51	le démonte-pneu	tyre levers	
52	**la moto**	motorbike	
53	la poignée de gaz	twist throttle	
54	la poignée d'embrayage	clutch lever	
55	le rétroviseur	rearview mirror	
56	le siège arrière	pillion seat	
57	le réservoir d'essence	petrol tank	
58	la bougie	sparking plug	
59	le carburateur	carburettor	
60	le kick	kick start lever	
61	l'amortisseur hydraulique (m)	rear drum brake	
62	le frein à disque	front disc brake	
63	la fourche hydraulique	hydraulic fork	
64	la pédale de frein	rear brake pedal	
65	l'appui-pied (m)	foot rest	
66	le pot d'échappement	muffler	
67	les gants (m)	gauntlets	
68	la visière	visor	
69	le casque de moto	crash helmet	
70	la voiture de sport	sports car	
71	la voiture de course	racing car	
72	le dragster	dragster	
73	le side-car	sidecar	
74	le buggy	beachbuggy	
75	la voiture d'époque	vintage car	
76	la landrover	landrover	
77	la camionnette	van	
78	la dépanneuse	breakdown lorry	
79	le camion-citerne	petrol tanker	
80	le camion de déménagements	removal van	
81	la caravane	caravan	
82	le camion transporteur	car transporter	
83	le car	coach	
84	l'autobus (m)	bus	
85	l'autobus à impériale (m)	double-decker bus	
86	le trolley-bus	trolley bus	
87	le break	estate car	
88	l'ambulance (f)	ambulance	
89	la voiture de pompiers	fire engine	
90	le camion poubelle	dustcart	
91	le mastodonte	juggernaut	
92	le camion	truck	
93	**le garage**	garage	
94	la pompe à essence	petrol pump	
95	le poste de lavage	car wash	
96	la salle de réparations	inspection bay	
97	la galerie	roof rack	
98	le mécanicien	mechanic	
99	l'élévateur hydraulique (m)	hydraulic lift	

100	la pompe à air	air pump	
101	**la voiture**	car	
102	l'aile avant (f)	front wing	
103	la lanterne	side light	
104	le pare-chocs avant	front bumper	
105	le phare	headlamp	
106	le radiateur	car radiator	
107	la courroie de ventilateur	fan belt	
108	le ventilateur	cooling fan	
109	la culasse	cylinder head	
110	le filtre à air	air filter	
111	les accus (m)	car battery	
112	le rétroviseur latéral	wing mirror	
113	la suspension avant	front suspension	
114	le châssis	chassis	
115	le piston	piston	
116	l'allumeur (m)	distributor	
117	le filtre à huile	oil filter	
118	le carter	sump	
119	le compteur	speedometer	
120	la jauge	petrol gauge	
121	le pare-brise	windscreen	
122	le volant	steering wheel	
123	le tableau de bord	dashboard	
124	la ceinture de sécurité	seat belt	
125	l'appui-tête (m)	headrest	
126	l'accélérateur (m)	accelerator	
127	le frein	foot brake	
128	l'embrayage (m)	clutch	
129	la boîte de vitesse	gear box	
130	le levier	gear stick	
131	le frein à main	hand brake	
132	le siège arrière	back seat	
133	le silencieux	silencer	
134	le joint de cardan	universal joint	
135	l'arbre de transmission (m)	drive shaft	
136	le coffre	boot	
137	le stop	brake light	
138	la roue de secours	spare wheel	
139	le phare de recul	reversing light	
140	la pompe à pied	foot pump	
141	la plaque d'immatriculation	number plate	
142	le tuyau d'échappement	exhaust pipe	
143	le pare-chocs arrière	rear bumper	
144	le feu arrière	rear light	
145	le clignotant	indicator light	
146	le bouchon	petrol cap	
147	le moyeu	wheel hub	
148	la cale	wedge	
149	la burette à huile	oil can	
150	la boîte à outils	tool box	
151	la clé en croix	spider spanner	
152	le cric	jack	
153	le pneu	tyre	

En ville (In the city)

Pages 28-29

1	le gratte-ciel	skyscraper	
2	les appartements (m)	flats	
3	le balcon	balcony	
4	la caserne de pompiers	fire station	
5	la sirène	siren	
6	la station-service	service station	
7	l'autopont (m)	flyover	
8	l'escalier de secours (m)	fire escape	
9	l'hôtel (m)	hotel	
10	le passage couvert	walkway	
11	le groom	bellboy	
12	le portier	doorman	

13	la valise	suitcase	
14	la réception	reception	
15	le hall	lobby	
16	la voiture de livraison	delivery van	
17	l'immeuble de bureaux (m)	office building	
18	le standard	switchboard	
19	la dactylo	typist	
20	le bureau	office	
21	la peinture murale	mural	
22	la lucarne	skylight	
23	la poste	post office	
24	le bureau de tri	sorting office	
25	la boîte aux lettres	letterbox	
26	le facteur	postman	
27	les paquets (m)	parcels	
28	le fourgon postal	mail van	
29	le restaurant	restaurant	
30	la serveuse	waitress	
31	l'auvent (m)	awning	
32	la statue	statue	
33	l'attroupement (m)	crowd	
34	la barrière	barrier	
35	la banque	bank	
36	le caissier	bank teller	
37	le garde	security guard	
38	la camionnette blindée	security van	
39	la terrasse	roof terrace	
40	la chambre forte	bank vault	
41	le supermarché	supermarket	
42	la réserve	storeroom	
43	l'enseigne (f) au néon	neon sign	
44	le chariot	trolley	
45	la queue	queue	
46	le cinéma	cinema	
47	l'enseigne (f)	shop sign	
48	la poissonnerie	fish shop	
49	le poissonier	fishmonger	
50	le vendeur	shop assistant	
51	le pharmacien	chemist	
52	la caisse	cash register	
53	le journal	newspaper	
54	le kiosque à journaux	newspaper stand	
55	le pilier	pillar	
56	la plaque de rue	street sign	
57	les séchoirs (m)	hairdryers	
58	le salon de coiffure	hairdressing salon	
59	le coiffeur	hairdresser	
60	le panneau de signalisation	road sign	
61	l'agent (m) de police	policeman	
62	le cycliste	cyclist	
63	la cabine téléphonique	telephone kiosk	
64	le câble téléphonique	telephone cable	
65	les marches (f)	steps	
66	la dame	woman	
67	les tuyaux de gaz (m)	gas pipe	
68	le drapeau	flag	
69	le mât	flagpole	
70	la station de taxis	taxi rank	
71	le laveur de vitres (f)	window cleaner	
72	le grand magasin	department store	
73	le réverbère	street lamp	
74	l'hôpital (m)	hospital	
75	l'école (f)	school	
76	l'institutrice (f)	school teacher	
77	les écoliers (m)	school children	
78	le taxi	taxi	
79	le balayeur	road sweeper	
80	la voiture d'éboueur	rubbish cart	
81	les détritus (m)	litter	
82	la porte à tambour	revolving door	
83	l'étalagiste (m or f)	window dresser	
84	le mannequin	dummy	
85	le portier	porter	
86	le malade	patient	
87	la rampe	ramp	

88	la poussette	pushchair
89	la contractuelle	traffic warden
90	le parcmètre	parking meter
91	le banc	park bench
92	la nurse	nanny
93	le landau	pram
94	la fontaine	fountain
95	le jardin public	park
96	le montant (de portail)	gatepost
97	les barreaux (m)	railings
98	le motard	motor cyclist
99	le passager	pillion rider
100	l'arrêt (m) d'autobus (m)	bus stop
101	le conducteur d'autobus	bus driver
102	les voyageurs (m)	passengers
103	la fumée	smoke
104	le pompier	fireman
105	l'avertisseur lumineux (m)	warning light
106	l'incendie (m)	fire
107	le tuyau d'incendie	fire hose
108	la toile tendue	jumping sheet
109	l'affiche (f)	advertisement
110	l'éventaire de livres (m)	bookstall
111	le libraire	bookseller
112	le sac en plastique	carrier bag
113	le marchand de chaussures	shoe stall
114	les chaussures (f)	shoes
115	la boutique de souvenirs	souvenir stall
116	les tee-shirts (m)	tee shirts
117	le poster	poster
118	les badges (m)	badges
119	l'éventaire de fruits (m)	fruit stall
120	le brancard	stretcher
121	l'accident (m)	accident
122	la bouche d'incendie	fire hydrant
123	le trottoir	pavement
124	la bordure de trottoir	kerbstone
125	le clochard	tramp
126	les tableaux (m)	paintings
127	les feux de signalisation (m)	traffic light
128	le marchand de légumes	vegetable stall
129	le marchand de jouets	toy stall
130	le marchand de vêtements	clothes stall
131	le tricot	jersey
132	les pantalons (m)	trousers
133	les robes (f)	dresses
134	les chapeaux (m)	hats
135	les porte-vêtements	clothes rack
136	les chaussettes (f)	socks
137	les manteaux (m)	coats
138	le marchand de fleurs	flower seller
139	le plan	street map
140	le transformateur	transformer
141	la plaque d'égout	manhole cover
142	la boîte à ordures (f)	litter bin
143	le passage pour piétons	crossing
144	le piéton	pedestrian
145	la bouche d'accès	manhole
146	le câble électrique	electricity cable
147	l'homme (m)	man
148	le passage souterrain	underpass
149	la conduite d'eau (f)	water pipe
150	les eaux usées (f)	sewage
151	l'égout (m)	sewer
152	la chambre de distribution	valve box
153	le robinet-vanne	gate key
154	la grille d'égout	grating

Jouets et jeux (Toys and games)

Pages 30-31

1	la poupée	doll
2	la poupée de chiffon	rag doll
3	la princesse	princess
4	le prince	prince
5	le roi	king
6	la couronne	crown
7	la reine	queen
8	la fée	fairy
9	la baguette magique	wand
10	la danseuse	ballerina
11	le manche à balai	broomstick
12	la sorcière	witch
13	la mariée	bride
14	le marié	bridegroom
15	la demoiselle d'honneur	bridesmaid
16	le garçon d'honneur	page
17	le marin	sailor
18	le mobile	mobile
19	le perroquet	parrot
20	le tableau noir	blackboard
21	la trousse	pencil case
22	le stylo	foutain pen
23	le stylo à bille	ballpoint pen
24	les crayons (m)	pencils
25	les crayons gras (m)	wax crayons
26	la gomme	rubber
27	la règle	ruler
28	les couleurs (f)	paints
29	les feutres (m)	felt tip pens
30	les nombres (m)	numbers
31	les lettres (f)	letters
32	le carnet	notebook
33	le boulier	abacus
34	les boules (f)	beads
35	les cubes (m)	building blocks
36	l'aimant (m)	magnet
37	le globe terrestre	globe
38	le jeu de chimie	chemistry set
39	l'éprouvette (f)	test tube
40	le brûleur à alcool	spirit burner
41	le bécher	beaker
42	l'entonnoir (m)	funnel
43	le flacon conique	flask
44	la loupe	magnifying glass
45	le microscope	microscope
46	le kaléidoscope	kaleidoscope
47	les ballons (m)	balloons
48	les chapeaux en papier (m)	paper hats
49	les feux d'artifice (m)	fireworks
50	le lampion	lantern
51	le totem	totem pole
52	le wigwam	wigwam
53	la coiffure de peau-rouge	head-dress
54	le chef Indien	Indian chief
55	la squaw	squaw
56	le papoose	papoose
57	le fort	fort
58	l'officier de cavalerie (m)	cavalry man
59	le guerrier Indien	Indian brave
60	la hache de guerre	tomahawk
61	le diable à ressort	jack-in-the-box
62	la boîte à musique	music box
63	la tirelire	money box
64	la grande roue	ferris wheel
65	le manège	roundabout
66	le cheval à bascule	rocking horse
67	le théâtre de marionnettes	puppet theatre
68	la marionnette	string puppet
69	le guignol	glove puppet
70	la maison de poupée	dolls' house

71	le berceau	cradle
72	l'ours blanc (m)	polar bear
73	le panda	panda
74	le rhinocéros	rhino
75	le chameau	camel
76	les pingouins (m)	penguins
77	le kangourou	kangaroo
78	le zèbre	zebra
79	le léopard	leopard
80	le singe	monkey
81	le crocodile	crocodile
82	le fantôme	ghost
83	l'ange (m)	angel
84	le magicien	wizard
85	le pistolet	pistol
86	le pirate	pirate
87	le trésor	treasure
88	le monstre	monster
89	le dragon	dragon
90	le lutin	elf
91	le gnome	gnome
92	le traîneau	sleigh
93	le Père Noël	Father Christmas
94	l'ours en peluche (m)	teddy bear
95	le renne	reindeer
96	le sabot de Noël	Christmas stocking
97	le porte-monnaie	purse
98	l'argent (m)	money
99	la broderie	embroidery
100	la laine	wool
101	l'aiguille à tricoter (f)	knitting needle
102	le tank	tank
103	les soldats (m)	infantry men
104	la grue	crane
105	l'excavatrice (f)	excavator
106	la voiture téléguidée	remote control car
107	la piste de course	race track
108	l'engin spatial (m)	spaceship
109	le cheval de bois	hobby horse
110	l'échasse sauteuse (f)	pogo stick
111	les échasses (f)	stilts
112	le cerceau	hoop
113	la trottinette	scooter
114	la corde à sauter	skipping rope
115	la toupie	spinning top
116	les quilles (f)	skittles
117	les billes (f)	marbles
118	le jeu de société	board game
119	les cartes à jouer (f)	playing cards
120	les dés (m)	dice
121	les jetons (m)	counters
122	l'échiquier (m)	chess-board
123	les pièces du jeu d'échecs (f)	chessmen
124	le puzzle	jigsaw puzzle
125	les dominos (m)	dominoes
126	le puzzle	puzzle
127	la table de billard	snooker table
128	la boule de billard	snooker ball
129	la queue de billard	cue
130	le robot	robot
131	le hochet	rattle
132	la boîte à goûter	lunch box
133	le canif	penknife
134	le porte-clés	key ring
135	les clés (f)	keys
136	la lampe de poche	torch
137	la machine à écrire	typewriter
138	le poste de radio	radio
139	le tourne-disque	record player
140	le talkie-walkie	walkie talkie
141	le magnétophone à cassettes	cassette recorder
142	les cassettes (f)	cassettes
143	le jeu électronique	electronic games
144	la cartouche	cartridge
145	le jeu sur écran de télévision	television game
146	les commandes (f)	handsets

147	l'ordinateur (m)	computer
148	la calculatrice	calculator
149	le tigre	tiger
150	le lion	lion
151	l'éléphant (m)	elephant
152	l'hippopotame (m)	hippopotamus
153	le koala	koala bear
154	la girafe	giraffe
155	l'autruche (f)	ostrich
156	le buffle	buffalo
157	le loup	wolf
158	le serpent	snake
159	le dinosaure	dinosaur

Arts et métiers
(Jobs people do)
Pages 32-33

1	**le tisserand**	**weaver**
2	le bain de teinture	dye bath
3	le métier à tisser	loom
4	le tissu	woven cloth
5	le rouleau	cloth roller
6	le cliquet	ratchet
7	les pédales (f)	treadles
8	le fil	yarn
9	la navette	boat shuttle
10	le peigne	rug beater
11	le dévidoir	bobbin winder
12	**le potier**	**potter**
13	le four	kiln
14	l'argile (f)	clay
15	les outils de modelage (m)	modelling tools
16	le compas d'épaisseur	callipers
17	le couteau de potier	potter's knife
18	le tournassin	turning tool
19	le fil à couper	cutting wire
20	le tour	potter's wheel
21	le capot de protection	splashpan
22	le vernis	glaze
23	**le forgeron**	**blacksmith**
24	le dégorgeoir	fuller
25	la chasse à parer	flatter
26	l'estampeuse (f)	stamp
27	la volute de fer	scroll iron
28	la griffe	scroll dog
29	l'étau (m)	vice
30	les fers à feu (m)	fire irons
31	la hotte	firehood
32	le fer en barres	iron
33	le bac	water trough
34	les tenailles (f)	tongs
35	le tas-étampe	swage block
36	la boîte de maréchal-ferrant	horseshoeing box
37	le mandrin	mandrel
38	la masse	sledge hammer
39	l'enclume (f)	anvil
40	**le peintre**	**artist**
41	la toile	canvas
42	le modèle	model
43	le châssis	canvas stretcher
44	la boîte de peintures	paintbox
45	les tubes de peinture à l'huile (m)	oil paints
46	la blouse	smock
47	le chiffon	rag
48	le chevalet	easel
49	le carnet d'esquisses	sketch pad
50	l'estrade (f)	dais
51	l'agrafeuse (f)	stapler
52	la palette	palette
53	le godet	dipper
54	le couteau à palette	palette knife
55	les pinceaux (m)	brushes

56	la spatule	painting knife
57	le fusain (m)	charcoal sticks
58	la térébenthine	turpentine
59	**le jardinier**	**gardener**
60	le tas de terreau	compost heap
61	le treillage	trellis
62	la cloche	cloche
63	les pots de fleurs (m)	flowerpots
64	le châssis	cold frame
65	le cordeau	twine
66	le plantoir	dibber
67	les gants de jardinage (m)	gardening gloves
68	les outils de jardinage (m)	garden tools
69	la brouette	wheelbarrow
70	les cisailles (f)	shears
71	la tondeuse	lawn mower
72	la corbeille de bois	trug
73	les semis (m)	seedlings
74	la boîte à semis	seed tray
75	l'arrosoir (m)	watering can
76	la pomme d'arrosoir	rose
77	les oignons (m)	bulbs
78	le sécateur	secateurs
79	**la couturière**	**dressmaker**
80	la machine à coudre	sewing machine
81	la bobine de fil	cotton reel
82	le cadran de tension	tension dial
83	le pied de biche	presser foot
84	la cannette	bobbin
85	le mètre	tape measure
86	les ciseaux (m)	scissors
87	les aiguilles (f)	needles
88	l'étoffe (f)	material
89	la boîte à couture	sewing box
90	le patron	dress pattern
91	les boutons (m)	buttons
92	les épingles (f)	pins
93	la pelote d'épingles	pin cushion
94	le fil	thread
95	**l'encadreur (m)**	**picture framer**
96	l'Isorel (m)	hardboard
97	le verre à tableau	picture glass
98	le carton de montage	mounting board
99	le réglet	metal ruler
100	la presse à vis	G-cramp
101	la drille	hand drill
102	la presse à onglet	mitre cramp
103	le marteau à panne fendue	claw hammer
104	le tranchet	craft knife
105	la scie à tenons	tenon saw
106	le bloc à onglets	mitre block
107	la moulure	moulding
108	**le photographe**	**photographer**
109	l'appareil-photo (m)	camera
110	le levier d'armement	wind-on lever
111	le déclencheur	shutter button
112	le pose-mètre	shutter speed control
113	le sabot de flash	flash shoe
114	le rebobinage	rewind lever
115	le réglage de diaphragme	aperture control
116	la mise au point	focus control
117	l'objectif (m)	lens
118	le réflecteur	light screen
119	la soufflerie	wind machine
120	la pellicule	film cassette
121	le trépied	tripod
122	la toile de fond	background paper
123	la chambre noire	darkroom
124	la lampe de chambre noire	safelight
125	l'éclairage direct (m)	umbrella light
126	le stroboscope	strobe light
127	le transformateur	power unit
128	le téléobjectif	telephoto lens

129	le projecteur de diapositives	slide projector
130	le flash	flash gun
131	l'étui (m)	camera case
132	les épreuves (f)	prints
133	**la cuisinière**	**cook**
134	la passoire	sieve
135	le fouet	whisk
136	le rouleau à pâtisserie	rolling pin
137	le tablier	apron
138	la douille	piping bag
139	la spatule	spatula
140	le pinceau à pâtisserie	pastry brush
141	le moule à gâteau	cake tin
142	la planche à hacher	chopping board
143	le couteau de cuisine	cook's knife
144	le presse-citron	lemon squeezer
145	la balance	scales
146	le pot gradué	measuring jug
147	le mixeur	food processor
148	les cuillères en bois (f)	wooden spoons
149	la jatte	mixing bowl
150	la râpe	grater
151	**l'orfèvre (m)**	**silversmith**
152	l'argent (m)	silver
153	l'établi (m)	bench block
154	le brunissoir	burnisher
155	la lampe au propane	propane torch
156	les pierres précieuses (f)	stones
157	les bracelets (m)	bracelets
158	le polissoir	polishing machine
159	la scie de joaillier	jeweller's saw
160	les brucelles (f)	tweezers
161	les pinces (f)	pliers
162	la broche	brooch
163	la bague	ring
164	le collier	necklace

Sur les rails
(On the rails)
Pages 34-35

1	**la gare de triage**	**marshalling yard**
2	le train de marchandises	freight train
3	le wagon de marchandises	freight wagon
4	le scanner	scanner
5	le conteneur	container
6	le grappin	grab
7	la grue-portique	gantry crane
8	le wagon couvert	boxcar
9	le projecteur	lighting tower
10	le wagon tombereau	open goods wagon
11	le poste d'aiguillage	signal box
12	l'aiguilleur (m)	signalman
13	le wagon-citerne	tank wagon
14	l'entrepôt (m)	warehouse
15	le truck	flat wagon
16	le chef de manutention	loading foreman
17	la balance	weighing machine
18	les cageots (m)	crates
19	le signal de manoeuvre	shunting signal
20	les signaux (m)	signals
21	la locomotive de manoeuvre	shunting engine
22	**la gare**	**station**
23	l'horloge (f)	station clock
24	le haut-parleur	loudspeaker
25	la consigne	left luggage office
26	le guichet	ticket office

27 le bureau de renseignements — information office
28 le marchand de journaux — newsagent
29 les revues (f) — magazines
30 le jet d'eau — water fountain
31 le passage souterrain — underground entrance
32 le voleur — thief
33 le sac à main — handbag
34 le numéro de quai — platform number
35 la canne — walking-stick
36 le chariot électrique — electric truck
37 la poinçonneuse — ticket machine
38 le tourniquet — turnstile
39 l'extincteur (m) — fire extinguisher
40 l'ascenseur (m) — lift
41 le signal d'alarme — emergency button
42 l'étage (m) — landing
43 l'escalier roulant (m) — escalator
44 l'escalier de secours (m) — emergency stairs
45 le musicien ambulant — street musician
46 le conduit d'aération — ventilation shaft
47 la poutre d'acier — steel girder
48 le ventilateur — fan
49 la carte du métro — underground train map
50 le panneau de sortie — exit sign
51 le distributeur automatique — vending machine
52 le rail conducteur — electric rail
53 le métro — underground train
54 le quai — platform
55 les sacs postaux (m) — mailbags
56 le butoir — buffer
57 la voie ferrée — railway track
58 **la locomotive électrique** — electric locomotive
59 le mécanicien — engineer
60 l'isolateur (m) — insulator
61 le cable aérien — roof cable
62 le refroidisseur à huile — oil cooler
63 le coffre d'accumulateurs — battery box
64 le moteur électrique — electric motor
65 le pantographe — pantograph
66 la caténaire — overhead wire
67 l'essuie-glace (m) — windscreen wiper
68 les boutons de commandes (m) — control switches
69 la manette de sécurité — dead man's handle
70 le volant — handwheel
71 l'attelage de tête (m) — front coupling
72 la traverse — sleeper
73 le ballast — ballast
74 le rail — rail
75 l'éclisse (f) — fishplate
76 le crampon — spike
77 la semelle de rail — baseplate
78 le crocodile — T-rail
79 **l'autorail (m)** — diesel locomotive
80 le téléphone-radio — radio telephone
81 la génératrice — generator
82 le boggie — bogie
83 le contrôleur des roues — wheel tapper
84 la motrice — diesel engine
85 le refroidisseur — cooling unit
86 le ventilateur — radiator fan
87 l'avertisseur (m) — warning horns
88 **le train de voyageurs** — passenger train
89 le compartiment de couchettes — sleeping compartment
90 la couchette — foldaway bunk

91 le wagon-restaurant — dining car
92 le menu — menu
93 le serveur — waiter
94 le barman — barman
95 les bouteilles (f) — bottles
96 les toilettes (f) — toilet
97 le soufflet — connecting corridor
98 la voiture de passagers — passenger car
99 la serviette — briefcase
100 le porte-bagages — luggage rack
101 la place — seat
102 l'accoudoir (m) — armrest
103 le contrôleur — ticket collector
104 le chariot élévateur — forklift truck
105 le diable — barrow
106 les bagages (m) — luggage
107 le buffet — cafeteria
108 le libre-service — self-service counter
109 le photomaton — photograph booth
110 le chef de train — train guard
111 la salle d'attente — waiting room
112 le tableau des horaires — timetable
113 la carte ferroviaire — railway map
114 **la locomotive à vapeur** — steam engine
115 la porte de la boîte à fumée — smokebox door
116 la charnière — hinge
117 la cheminée — smokestack
118 la conduite d'échappement — blast pipe
119 la boîte à fumée — smokebox
120 la chaudière — boiler
121 le dôme de vapeur — steam dome
122 la conduite d'eau — water feed
123 les tubes de chaudière (m) — fire tubes
124 le foyer — fire box
125 les soupapes de sûreté (f) — safety valves
126 le sifflet — whistle lever
127 le régulateur — regulator
128 le levier de marche arrière — reversing lever
129 la cabine — driver's cab
130 le conducteur de train — train driver
131 le siège du conducteur — driver's seat
132 le tender — tender
133 le charbon — coal
134 le réservoir d'eau — water tank
135 le raccord de frein — brake hose
136 la roue directrice — leading wheel
137 le cylindre — cylinder
138 l'éjecteur de sablière (m) — sand pipe
139 le piston — piston rod
140 la crosse — crosshead
141 la bielle — connecting rod
142 le maneton — crank
143 la bielle d'accouplement — coupling rod
144 la roue motrice — driving wheel
145 le cendrier — ashpan
146 la grille — grate
147 la boîte d'essieu — axle bearing

Au studio
(In the studio)
Pages 36-37

1 l'actrice (f) — actress
2 l'acteur (m) — actor
3 le producteur — producer
4 le scénario — script
5 l'auteur (m) — writer

6 le directeur de distribution — casting director
7 le porte-texte — clipboard
8 le classeur — filing cabinet
9 le magnétophone — tape recorder
10 le chariot à peintures — paint trolley
11 le peintre — scenic artist
12 les décors (m) — scenery
13 la toile de fond — backdrop
14 le plan de scène — floor plan
15 la lampe d'architecte — desk lamp
16 le décorateur — set designer
17 le machiniste — scenery builder
18 la planche à dessin — drawing board
19 le modèle réduit — set model
20 **le magasin d'accessoires** — prop store
21 le squelette — skeleton
22 l'accessoiriste (m) — prop master
23 la béquille — crutch
24 les masques (m) — masks
25 le fauteuil roulant — wheelchair
26 le trône — throne
27 la plante artificielle — artificial plant
28 le trophée — trophy
29 le phonographe — gramophone
30 **la réserve de costumes** — costume room
31 les casquettes (f) — caps
32 le bonnet — bonnet
33 la cape — cloak
34 le haut-de-forme — top hat
35 le châle — shawl
36 le voile — veil
37 le porte-manteau — coat hanger
38 le tutu — tutu
39 le costume d'époque — historical costume
40 le bouquet — bouquet
41 le créateur de costumes — costume designer
42 la robe de mariée — wedding dress
43 la ceinture — belt
44 l'imperméable (m) — raincoat
45 la manche — sleeve
46 le col — collar
47 les médailles (f) — medals
48 l'uniforme (m) — uniform
49 les cravates (f) — ties
50 les chemisiers (m) — blouses
51 les lunettes (f) — spectacles
52 les perruques (f) — wigs
53 les lampes de maquillage — mirror lights
54 le stéthoscope — stethoscope
55 le gilet — waistcoat
56 la maquilleuse — make-up artist
57 les rouleaux (m) — hair curlers
58 les moustaches (f) — moustaches
59 la cicatrice — scar
60 le séchoir — blow dryer
61 le coton hydrophile — cotton wool
62 la pâte à modeler — plasticine
63 la fausse barbe — false beard
64 le faux-nez — false nose
65 le fard gras — grease paint
66 les fausses dents (f) — false teeth
67 la boîte de maquillage — make-up box
68 le rouge à lèvres — lipstick
69 la poudre de riz — face powder
70 la houppette — powder puff
71 le casque — headphones
72 l'opérateur de téléprompteur — teleprompter operator
73 le téléprompteur — teleprompter
74 le journaliste de la météo — weather reporter
75 la carte météorologique — weather chart
76 le dérouleur de texte — caption roller
77 l'horloge digitale (f) — digital clock
78 le bureau — desk

79	l'écouteur (m)	earpiece	148	le cow-boy	cowboy
80	le présentateur du journal télévisé	newscaster	149	le bandit	bandit
81	**le studio**	**studio**	150	la diligence	stagecoach
82	le projecteur suspendu	overhead light	151	le cascadeur	stuntman
83	le spot	spotlight	152	la bourse	money bag
84	le foulard	scarf	153	le tapis gonflable	airbag
85	la femme de ménage	cleaner			

En mer
(On the water)

Pages 38-39

86	le balai	mop	**1**	**le paquebot**	**ocean liner**
87	le rideau	curtain	2	la plage	lido
88	la robe de chambre	dressing gown	3	le pont des sports	sports deck
89	le flacon de médicament	medicine bottle	4	la boutique de fleurs	florist shop
90	l'infirmière (f)	nurse	5	la galerie marchande	shopping arcade
91	la seringue	syringe	6	le pont supérieur	sun deck
92	le thermomètre	thermometer	7	la cheminée	exhaust stack
93	le médecin	doctor	8	le déflecteur	smoke deflector
94	le calendrier	calendar	9	la boîte de nuit	nightclub
95	le goutte à goutte	drip	10	la vigie	lookout tower
96	le plâtre	plaster cast	11	la passerelle	navigation bridge and chartroom
97	le cadeau	present	12	les logements d'équipage (m)	crew's quarters
98	la visiteuse	visitor	13	le monte-charge pour autos	car lift
99	le poids	weight	14	les cabines (f)	passenger cabins
100	le machiniste	scenery shifter	15	la cabine simple	single berth cabin
101	l'assistant (m)	assistant	16	les cabines de luxe (f)	staterooms
102	le bandage	bandage	17	le bar	cocktail lounge
103	le sparadrap	sticking plaster	18	la bibliothèque	library
104	les comprimés (m)	pills	19	la salle de théâtre et de conférence	theatre and lecture hall
105	le «perchman»	boom operator	20	le casino	casino
106	la perche	boom	21	le salon de beauté	beauty salon
107	le micro	microphone	22	la blanchisserie	laundry room
108	la feuille de température	chart	23	la salle de danse	ballroom
109	la caméra	studio camera	24	la cave	wine cellar
110	le technicien du son	sound technician	25	le restaurant	restaurant
111	le cadreur	camera man	26	la salle de jeux	children's playroom
112	le directeur de plateau	floor manager	27	les hublots (m)	portholes
113	le magnétoscope	video tape recorder	28	les propulseurs d'étrave (m)	bow thrusters
114	le récepteur	studio monitor	29	l'écubier (m)	hawsehole
115	la caméra sur grue	crane camera	**30**	**l'aéroglisseur (m)**	**hovercraft**
116	le zoom	zoom lens	31	la passerelle de commande	control deck
117	l'aide-mémoire	cue card	32	la rampe d'embarquement	car ramp
118	le viseur	viewfinder	33	la jupe souple	flexible skirt
119	la mise au point	focusing handle	34	les marches d'accès (f)	passenger steps
120	le piédestal	pedestal	35	l'hydrofoil (m)	hydrofoil
121	le câble	camera cable	36	le bateau à moteur	motor boat
122	**la régie son**	**sound control room**	37	le roof	deckhouse
123	le régisseur du son	sound supervisor	38	le moteur hors-bord	outboard motor
124	l'ingénieur du son	sound engineer	39	le levier de direction	steering arm
125	**la régie**	**production control room**	40	la vedette	powerboat
126	le mélangeur d'images	vision mixer	41	le bateau-pompe	fireboat
127	le réalisateur	director	42	le dévidoir	hosereels
128	l'écran de contrôle	monitor screen	43	les dalots (m)	scuppers
129	le chronomètre	stop watch	44	la vedette de police	police launch
130	l'assistant de production (m)	production assistant	45	le bateau-feu	lightship
131	le directeur technique	technical manager	46	le fanal	lantern mast
132	**la régie images**	**vision control room**	**47**	**le remorqueur**	**tug**
133	l'opérateur images (m)	vision controller	48	la défense d'étrave	bow fender
134	le directeur de la photo	lighting director	49	le poste de pilotage	pilot house
135	la caméra	film camera	50	le projecteur	searchlight
136	le «clap»	clapperboard	51	les feux de remorque (m)	towing lights
137	le stetson	stetson	52	le croc	tow hook
138	le shérif	sheriff	53	le cabestan	capstan
139	l'étui de revolver (m)	holster	54	le chalutier	trawler
140	les éperons (m)	spurs	55	la potence	trawl gallows
141	les jambières (f)	chaps	56	le chalut	trawl net
142	les balles (f)	bullets	57	le dragueur	bucket dredger
143	les menottes (f)	handcuffs			
144	le pistolet	gun			
145	le lasso	lasso			
146	le décor	film set			
147	l'ingénieur du son (m)	sound recordist			

58	la drague	bucket chain
59	le déversoir	chute
60	le sloop	sloop
61	le spinnaker	spinnaker
62	le bôme	spinnaker boom
63	le catamaran	catamaran
64	le trimaran	trimaran
65	le balancier	outrigger
66	la goëlette	schooner
67	la misaine	foresail
68	le voilier de course	racing yacht
69	la génoise	genoa
70	la quille	keel
71	la fusée de signalisation	flare
72	le sextant	sextant
73	la bouée de sauvetage	life buoy
74	la latte	batten
75	le sac à voiles	sailbag
76	l'anémomètre (m)	anemometer
77	le baromètre	barometer
78	la carte marine	chart
79	la pagaie	paddle
80	la défense	fender
81	le pennon	pennant
82	l'écope (f)	bailer
83	la remorque à bateau	launching trolley
84	**le cargo**	**cargo ship**
85	le pont de dunette	poop deck
86	le bossoir	davit
87	les canots de sauvetage (m)	lifeboats
88	la cheminée	funnel
89	la corne de brume	fog horn
90	la timonerie	wheelhouse
91	la hune	cross trees
92	le nid de pie	crow's nest
93	le pont avant	foredeck
94	le mât de charge	derrick
95	le gaillard-d'avant	forecastle
96	le guindeau	windlass
97	le pavillon	jack
98	la hampe de pavillon	jackstaff
99	la coque	hull
100	l'arbre d'hélice (m)	propeller shaft
101	les turbines (f)	turbines
102	la chambre des machines	engine room
103	le câble de mouillage	anchor cable
104	**le pétrolier**	**tanker**
105	la tour d'incendie	fire tower
106	le treuil d'amarrage	mooring winch
107	le poinçon central de levage	kingpost
108	les cuves (f)	cargo tanks
109	**le bateau de sauvetage**	**rescue launch**
110	la rambarde	guard rail
111	le canot de sauvetage pneumatique	inflatable liferaft
112	le bossoir de remorque	towing davit
113	**le porte-avion**	**aircraft carrier**
114	le câble d'arrêt	arrester wire
115	le pont-hangar	hangar deck
116	la catapulte	launching catapult
117	l'élévateur (m)	aircraft lift
118	les chasseurs (m)	jets (fighter)
119	la barrière de sécurité	crash barrier
120	le filet de sûreté	safety net
121	le ferry-boat	car ferry
122	le pont des voitures	car deck
123	la proue mobile	hinged bow
124	le dhow	dhow
125	la gondole	gondola
126	le bateau à rames	rowing boat
127	la dame de nage	rowlock
128	le bateau à fond plat	punt

129	la jonque	junk	
130	**le dériveur**	**sailing dighy**	
131	le barreur	helmsman	
132	l'équipage (m)	crew	
133	babord	port side	
134	l'étai (m)	stay	
135	le mât	mast	
136	la grand-voile	mainsail	
137	le gousset de latte	batten pocket	
138	le foc	jib	
139	la proue	bow	
140	la poupe	stern	
141	le rail	traveller	
142	le caisson étanche	buoyancy tank	
143	le tableau	transom	
144	la barre	tiller	
145	le cale-pied	toe strap	
146	l'écoute (f) de foc	jib sheet	
147	la dérive	centreboard	
148	la drisse	halyard	
149	le safran	rudder blade	
150	le trou d'écoulement	drain hole	
151	tribord	starboard side	
152	l'écoute de grand-voile	main sheet	
153	le banc de nage	thwart	
154	le point d'écoute	kicking strap	
155	la bôme	boom	
156	la poulie	block	

Dans l'espace (In space)

Pages 40-41

1	le paratonnerre	lightning rod	
2	le radio-télescope	radio telescope	
3	le portique de lancement	gantry	
4	l'aire de lancement (f)	space launch station	
5	la table de lancement	launch pad	
6	**la fusée spatiale**	**space rocket**	
7	les moteurs fusées (m)	rocket engines	
8	la rétrofusée	retro-rockets	
9	le premier étage	first stage	
10	le deuxième étage	second stage	
11	le réservoir de comburant	liquid oxygen tank	
12	le troisième étage	third stage	
13	la case d'instrumentation	instrument unit	
14	la baie pour module lunaire	lunar module hangar	
15	la tuyère	engine nozzle	
16	le module servitudes	service module	
17	la tour de sauvetage	launch escape tower	
18	**le module de commande**	**command module**	
19	la balise de récupération	recovery beacon	
20	la sonde d'amarrage	docking probe	
21	le parachute-frein	main recovery parachute	
22	le compartiment de l'équipage	crew compartment	
23	les propulseurs en lacet (m)	yaw thrusters	
24	le bouclier thermique	heatshield	
25	les propulseurs en roulis (m)	roll thrusters	
26	la couchette rembourrée	padded couch	
27	les propulseurs en tangage (m)	pitch thrusters	
28	l'écoutille (f)	hatch door	
29	le hublot d'accostage	rendezvous window	
30	le satellite météorologique	weather satellite	
31	le satellite de télé-communications	communications satellite	
32	le satellite de télédétection	earth resources satellite	
33	la sonde spatiale	space probe	
34	le détecteur de rayons cosmiques	cosmic ray detector	
35	**la station spatiale**	**space station**	
36	l'écran thermique (m)	solar shield	
37	la cellule photo-électrique	solar panel	
38	l'écran anti-micrométéorite	micrometeoroid shield	
39	le compartiment-atelier	orbital workshop	
40	le compartiment d'habitation	sleep compartment	
41	la bicyclette d'exercice	exercise bicycle	
42	le panneau solaire	solar wing	
43	le bras de déploiement	deployment boom	
44	le point d'amarrage	docking port	
45	**le module lunaire**	**lunar module**	
46	le sas d'amarrage	docking hatch	
47	l'antenne-radar de rendez-vous (f)	rendezvous radar antenna	
48	l'antenne de vol (f)	inflight antenna	
49	le feu suiveur	tracking light	
50	l'écoutille (f)	entry hatch	
51	le déflecteur des gaz	exhaust deflector	
52	le moteur de montée	ascent engine	
53	la plate-forme d'entrée/de sortie	entry/exit platform	
54	le train d'atterrissage	landing gear	
55	le moteur de descente	descent engine	
56	la protection thermique	thermal insulation	
57	le patin d'atterrissage	foot pad	
58	la pierre lunaire	moon rock	
59	le sol lunaire	lunar surface	
60	**la voiture lunaire**	**lunar rover**	
61	l'antenne à gain élevé (f)	high-gain antenna	
62	l'antenne à faible gain (f)	low-gain antenna	
63	le bloc photographique	camera pack	
64	le tableau de bord	display console	
65	la caméra de télévision	television camera	
66	la roue en treillis métallique	wiremesh wheel	
67	le pare-poussière	dust guard	
68	le distributeur de sacs d'échantillonnage	sample bag dispenser	
69	les pinces (f)	rock tongs	
70	le rangement sous le siège (m)	underseat bag	
71	le porte-outils	tool carrier	
72	la pelle	scoop	
73	l'empreinte (f)	footprint	
74	la poussière lunaire	moon dust	
75	le cratère lunaire	moon crater	
76	**l'astronaute (m)**	**astronaut**	
77	la poche à lunettes solaires	sunglasses pocket	
78	l'émetteur-récepteur (m)	transceiver	
79	le réservoir d'air	airtank	
80	le système soutien-vie portatif	portable life support system	
81	le casque pressurisé	pressurized helmet	
82	la combinaison d'astronaute	spacesuit	
83	le boîtier de commandes	control box	
84	la poche à stylo-lampe	penlight pocket	
85	le chronographe	chronograph	
86	le gant extra-véhiculaire	extra-vehicular glove	
87	la liste de vérification	checklist	
88	la poche fourre-tout	utility pocket	
89	la combinaison interne souple	rubber innersuit	
90	la surbotte lunaire	lunar overshoe	
91	l'attache (f)	clip	
92	la marche sur la lune	moonwalk	
93	**la navette spatiale**	**space shuttle**	
94	la pointe	nose cap	
95	les tuiles isolantes (f)	heat insulation tiles	
96	les propulseurs (m)	rocket thrusters	
97	le réservoir d'oxydant	oxidizer tank	
98	le siège du pilote	pilot's seat	
99	les commandes d'amarrage (f)	docking controls	
100	le siège du commandant	commander's seat	
101	la fenêtre arrière	rearview window	
102	le tunnel d'accès	access tunnel	
103	la soute charge utile	payload bay	
104	la porte de soute	payload bay door	
105	le radiateur	space radiator	
106	les spécialistes de charge utile (m)	payload specialists	
107	le laboratoire spatial	space laboratory	
108	la tige-robot articulée	robot arm	
109	le télescope spatial	space telescope	
110	la palette	pallet	
111	les roues (f)	main wheels	
112	l'aile en delta (f)	delta wing	
113	l'élevon (m)	elevon	
114	le magnétomètre	magnetometer	
115	le capteur	sensor	
116	le câble ombilical	umbilical line	
117	la marche dans l'espace	spacewalk	
118	le dispositif de freinage	speed brake	
119	le moteur de manoeuvre	manoeuvring engine	
120	la rampe de lancement	launch support	
121	la fusée à poudre	solid rocket booster	
122	le réservoir externe	external tank	
123	le parachute de queue	drogue parachute	
124	la comète	comet	
125	le météorite	meteorite	
126	l'étoile (f)	star	
127	la Voie Lactée	Milky Way	
128	la planète	planet	
129	le système solaire	solar system	
130	la tache solaire	sunspot	
131	le soleil	sun	
132	l'éruption solaire (f)	solar flare	
133	Mercure	Mercury	
134	Venus	Venus	
135	Mars	Mars	
136	la Terre	Earth	
137	les astéroïdes (m)	asteroids	
138	Jupiter	Jupiter	
139	les anneaux de Saturne	Saturn's rings	
140	Saturne	Saturn	
141	la Lune	Moon	
142	Uranus	Uranus	
143	Neptune	Neptune	
144	Pluton	Pluto	